U0017122

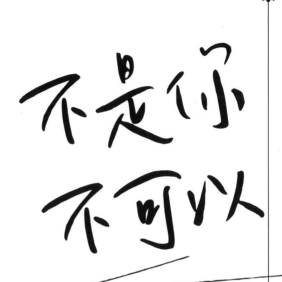

不是你不可以

Man lives in offshore

從燒臘到雪茄，
國際之男的
跨國工作日誌

國際之男——著

目次

香港創業開始的旅程

台北外商銀行升職記

西雅圖新創大進擊

邁阿密募資的挑戰

自由而不忘本

主持人、知名媒體人　張齡予

　　第一次看到「國際之男」這個名字，是在我為了播報新聞工作準備時，上網查找資料的來源，我透過查找的關鍵字，連結到了他的文章。

　　當時他經營的粉絲團只有幾百人按讚觀看，我看的那篇也不是什麼廣傳的爆文，不過沒看幾行字我就被他深入淺出的敘事吸引，不自覺地把整篇、所有頁面上的文章，通通認真拜讀完。好久沒有看到讓人可以耐住性子看下去的長文了，「國際之男」脈絡清晰、見解深刻，時不時解釋個商業原理，困難的財經變得淺顯易懂，間或加入些生活日常哲理，太適合我這個財經小白無痛學習，如獲至寶的我立刻把這個粉絲專頁按下追蹤搶先看，心悅誠服成為「國際之男」文字上的粉絲，按讚多了，更超越網路藩籬成為真實世界存在的朋友。

「國際之男」深入淺出的文字，帶我瀏覽了我從來不曾真正浸淫的財經場域：初出茅入就直攻曾經是華人財經重鎮的香港創業、跟私募基金絕頂聰明的商務人士交手、打進時下最夯最 CHIC 的新創圈？從小懼怕數學的我想不到有天可以跟商業世界這麼近，但國際之男的文字有聲音、有畫面、有嚴肅討論世界總體經濟、政治脈絡，也會適時附上些輕鬆可以嗑瓜子的風花雪月，還有大叔碎碎念的人生哲理，在我想像中生硬的金融生活，竟然得以在這樣的軟硬交替下，不費力的一秒有感，讓人看了欲罷不能，我想或許正是他可以把這段人生經歷深刻通透了，成功化繁為簡擔任新創導師的功力展現吧。

　　「國際之男」的文字是即便是當現代小說看也一點都不無聊苦澀的好讀，以文學的角度來說，他的文章是細膩的報導文學。他關注的層面很廣，每一個時事信手捻來都是素材，字裡行間可以感受到他不想流於表面、想要傳遞更多的深刻心情，讀著他的文字，就像是面對一個叨叨絮絮卻不讓人厭煩的前輩，挖心掏肺地希望與你分享，真誠、帶點傻勁，我喜歡他觀看事情的角度、注目的重點，細緻而見微知著。

　　從台灣出發，到了對岸再到歐美最後再回來台灣，看過世界的「國際之男」藏不住愛台灣的心，他迫切地想要把他出社會後的經驗，與台灣後進分享，希望他們能多點柴火、

少點跌跤，他為此像唐吉軻德般不停的寫作分享、設計課程、辦教育營隊。其實，這樣常保初心真的很累人的，身在公眾事務多年，我知道這樣一片赤誠的耗損，於是我問他支撐他的起心動念？他回答我：最底層的動機是「希望我可以讓我的小孩長大之後，覺得這個世界好玩一點。」

跟著「國際之男」的文字看世界吧，沿著自己的根，大無畏地往前，看著世界的浮沉，自由而不忘本，開拓的視野，相信必能更溫柔，更長久。

這趟旅程的本身就是一場意外——

忽然間，我成了老闆？

　　我幾乎可以說是先創業、再就業，創業的過程是先加入一個新創團隊，然後再自己開公司「當頭家」；但至於為什麼會成為一間公司的老闆，則完全是一場意外。

　　當時我所在的新創團隊，做的是類似金融與資訊工程結合的內容，有點像「程式交易」，只是我們不是真的每天在股市裡殺進殺出的程式交易，而是透過數據對客戶的投資組合提供建議，也因為投資組合的報酬績效不會這麼有效率，賺賠很快顯現，往往要等個半年或一年才會有結果，因此在事業起步初期，公司發展更倚賴的是業務的銷售能力。

　　換句話說，我們必須要在績效還不顯著的時候，就讓客戶願意為了還不明確的報酬率付費。這當然是非常困難的一項任務，所以在原本所處的新創團隊，雖然團隊成員都很年輕有衝勁，但也讓我逐漸感覺公司發展碰到了瓶頸，更讓我

自己本身也遲疑的是：「做投資，真的可以在績效還沒顯現之前，這麼積極的向客戶推銷資金嗎？」

更何況團隊中超過八成的成員都是二十歲出頭的年輕人，哪有什麼客戶資源，身邊的同學不是剛畢業沒什麼錢，就是還在念書或當兵更加沒錢，接觸得到的客群離我們設定的「資產五十萬美元」目標客群相當遙遠。這也讓我內心時不時浮現一個念頭：「如果能有一個人可以搞定客戶資源，而我們可以專心做資產管理設計，就太好了！」

就在這時，一個神秘的中年大叔出現了。

我們就先叫這位大叔 Kevin 吧，他老兄風度翩翩，話語間中英文夾雜，開著 Lexus 的大型房車，透過某位高資產客戶轉介認識，一切的一切，都讓我不會有半分起疑。

Kevin 熱切地聽著我說起我從事的職業，眼中散發出熱情的光芒，並在會議的最後，告訴我他身邊有非常多有錢的朋友，需要這樣的金融服務，只可惜他不具備資產管理的專業知識。

這不是剛好解決了我一直以來苦惱的客源不足問題嗎？

我小心翼翼地向 Kevin 提出一個構想：有沒有可能由他來做公司老闆、而我來為他打理這門生意？

Kevin 大力拍了拍我的肩膀，再把我面前的酒杯斟滿到表面張力，「小老弟！我們以後一起打拚！」

幾杯高粱下肚後，兩人意外地變得意氣相投，我渾然忘

了我與面前的中年人認識還不到兩個禮拜，腦中卻已經在幻想著我坐著商務艙、開進口車的「金融新貴」生活。沒想到那頓飯完了之後，一切急轉直下。

首先，是設立公司承租辦公室的問題，暴露了 Kevin 這人背後的不尋常。

在台灣要設立公司，首先就要決定登記地址。在討論公司登記地址時，Kevin 原本豪氣干雲的宣布：「要租，就要選在最有指標性的 101 吧，這樣客戶來才撐得起場面嘛！」

沒想到，到了與商辦約定的簽約日當天，他大爺竟然放了 101 商辦的人鴿子！我大概嘗試撥了二十通電話給他，但一直都聯繫不上，一直等到隔天下午，Kevin 才打電話來致歉：「我昨天喝多了！」

但要另外再約個時間，Kevin 卻又一直推託，還說必須要先把公司成立好、資金募集來，才是正經事。

「公司沒有簽約辦公室，登記地址要註冊在哪裡？而且都還沒有辦公地點，又怎麼去募集資金？」我亞洲人問號。

也許是企業主對金錢錙銖必較的性格，使得 Kevin 對辦公室議題遲遲無法決定，這我可以理解，畢竟哪個創業的人不是押上全副身家做生意呢？但接下來的發展更讓我驚恐！

Kevin 開始介紹一些他先前所謂的「有錢的朋友」給我認識，開場的時候，用他一貫豪氣的口吻說：「我這個小老弟投資非常厲害，你們把資金交給他就對了！」

等、等等等等一下，我做的是投資組合管理，可不是什麼江湖術士的股票代操啊！何況募集資金都是有法規限制的，必須要有相應的金融執照才能讓客戶「把錢交給我」，不是隨意地把錢匯到哪個帳戶這麼簡單，嚴重的話甚至是可能觸犯刑法的啊！

　　而真正讓我內心警報大作的，是這些所謂「有錢的朋友」看待 Kevin 的眼神及態度。

　　雖然我的商業歷練尚淺，但對於人情世故有種與生俱來的敏銳度，而這種敏銳度讓我嗅到一絲不尋常的氣息：「這些朋友，似乎多數並不信任 Kevin。」

　　在多次聚會之後，終於讓我找到突破的機會。

　　我瞞著 Kevin 約編號第十八號「有錢的朋友」、一位特別老實的大叔喝咖啡。看著他欲言又止的樣子，我故意自己先編造一個狀況：「Kevin 說公司就要成立了，但是資金上有一些變數，問我是不是可能⋯⋯。」

　　「他竟然也想跟你借錢！」十八號大叔激動地拍了桌子，濺出的咖啡把桌布沾染成深黑色，就像我當下的心情。

　　「你說『也』的意思是？」

　　看來真相大白了。原來 Kevin 平日的豪奢都是債務堆疊出來的，所謂的「朋友」十有六七是他的「債主」，某些為人較寬厚的，甚至都已經放棄要求 Kevin 還錢了，只希望 Kevin 不要再找他們借錢就好。但 Kevin 竟然還打算以我的

「程式控管投資組合策略」為名目，跟這些人再借一筆錢。

　　「小兄弟啊，我看你還年輕，創業之路要謹慎啊！寧可自己做；慢慢做，穩穩做，也不要被其他有歹念的人耽誤了。」十八號大叔臨別之際，發自內心的鼓勵我。

　　走出咖啡廳，我漫無目的地走在信義區，看著本以為會成為我新辦公地點的 101 大樓，諷刺地矗立在我面前。可真正在我腦中揮之不去的，卻是大叔最後那兩句話：「寧可自己做；慢慢做，穩穩做。」

　　「不到一年都已經有接近百位客戶了，難道我再花一年的時間，沒辦法養活我自己嗎？」我這樣問自己，胸臆之間湧起另一種特別的情緒。

　　「這麼多人都從無到有創業成功，為什麼我不可以！大不了一年後做不起來，就認賠把公司收掉！」站在 101 大樓正前方兩百公尺處，我猛然下定決心！

　　我沒想到的是：這場意外的開端，打開了我的國際之旅，而第一站，就是有亞洲金融中心之稱的香港。

國際之男碎碎念

　一個「為什麼我不可以」的念頭，竟然就開啟了後續十幾年的金融職涯與「國際漂流」。人生的轉變，有時真的只在一念之間！

香港創業
開始的旅程

HONG KONG

香港銀行家的繁文縟節

從袖扣與領帶看出台港兩地金融差異

　　要創業，首先就要決定公司設立在哪裡。

　　這看起來很像是一句廢話，但其實包含很多專業考量。金融業又特別是一個高度管制的行業，同時，在資金量體大了以後，往往會牽涉到稅務問題。我們常見許多新創公司，創業者初期沒有多想，便一股腦兒地選擇自己的居住地註冊公司，沒想到後來生意越做越大，最後卻衍生出許多問題。

　　基於這點考量，在諮詢了不下半打的律師與會計師之後，我決定把公司設立在免稅島塞席爾（Seychelles），但以香港為營運主體。香港當時存在幾個戰略上的優勢。

　　「亞洲金融中心」的地位自不用說，全球的主要避險基金[1]、量化基金[2]、私募基金[3]乃至創投[4]都會在香港插旗，這讓我在協助客戶建立投資組合時，具有更廣且深的產品線。

　　此外，雖然我是台灣人，但客戶並不侷限於「台灣客戶」，遊走於兩岸三地的台商、想要避稅的中國人、甚至帶

著小三跑來香港開戶的中國高官，都是我的客戶。

這中間當然牽涉很多介於灰色地帶的資金來源，但還好我並不經手客戶的錢，我只負責提出投資組合建議；至於AML（洗錢防制）的難題，就交給必須收這些「灰錢」的私人銀行或基金公司去傷腦筋囉！

但也因長時間與香港金融業者互動，台港文化差異的經驗讓我印象深刻。其中第一堂文化課，就是關於穿著。

在公司設立好後，我的第一件任務是透過香港金融同業介紹可能成為我們產品線的合作夥伴，其中除了包含上述提到的避險基金、量化基金、私募基金等各類基金公司以外，

---

1 避險基金（Hedge Fund），又稱「對沖基金」，傳統上指的是以避險為目的進行交易的基金，但在近代衍伸為投資商品不受任何限制的多元投資基金，部分國家對於避險基金的投資限制亦較少，投資的標的可包含股票、期貨、選擇權、房地產及外匯等任何投資項目。

2 量化基金（Quantitative Fund）是指相較於傳統基金以基金經理人作為投資決策者，量化基金則是以數理模型作為投資決策的主要依據，但這不代表量化基金就不具有基金經理人，並且量化基金的基金經理人往往具有數理背景，能理解數理模型的運作邏輯。

3 私募基金（Privately Offered Fund）是指相對於一般共同基金而言在非公開市場向特定人士募集之基金。私募基金受法規限制不得公開募集，且具有進入門檻，以台灣法規為例，要求一般個人資產規模最低要在台幣3,000萬台幣以上，才能成為私募基金的投資者。前述所提到的避險基金，以募集方式分類的話就屬於私募基金的一種。

4 創投（Venture Capital）主要尋找處在早期階段的新創公司作為投資標的，追求高風險、高回報的基金，以募集方式分類的話，絕大多數創投亦屬於私募基金的一種。

還有私人銀行、保險公司甚至地產投資商。

雖然我算是這些公司的「上游廠商」，亦即未來是由我介紹客戶去這些公司開戶或下單，但考量畢竟是初次建立印象，我還是難得穿上成套西裝並打上領帶。

第一場會面，是在中環的長江實業大樓，拜訪某個歐系銀行主管，見面的那一刻，我赫然發現，我自己以為的「盛裝出席」，跟對方比較起來，根本只是「休閒穿著」。

這位主管叫 Albert，他穿著一套深藍色西裝，但布料在陽光下卻隱隱透著光澤，打著一條淺米色格紋領帶，即便門外漢如我，也看得出兩者之間精心搭配的設計感。西裝領帶還只是普通前菜，Albert 身上的各項配件才是更加搶眼的主角。從綴著淺藍色寶石的襯衫袖扣、認不出牌子但一看就很貴氣的黑色皮帶紳士錶（後來才知道，那是鼎鼎大名的陀飛輪錶）、低調奢華的白金領帶夾、淺綠色邊的米色口袋巾，幾乎男裝店面上賣的物品全都在他身上，卻又如此洗鍊而充滿品味。

不知道是自慚形穢，還是 Albert 的優雅品味確實起到一定作用，整場會談我都被對方牽著鼻子走，不止議題被主導，最後合作的一些執行細節，也幾乎都是 Albert 說了算。

回到台灣的隔天，我剛好有事來到台北金融圈顏值最高的 101 大樓；但跟 Albert 給我的衝擊相比，台灣金融業的穿著，樸實得像是剛開始學穿西裝的大學生。

隔了大概半年後，某次在一個比較輕鬆的吃飯場合，我用半挪揄的口吻向 Albert 提起這件事：「嘿，所有香港的私人銀行家，都像你穿得這麼浮誇嗎？」

　　沒想到他竟然回我：「你知道在華爾街，曾經有交易員，因為不打領帶，被客戶告上法庭的嗎？」

　　「這太扯了吧！」我下巴差點跟喉結銜接在一起，「交易員又不用面對客人，是怎麼被發現沒打領帶的？而且交易員不是操作績效好就好了，為什麼需要在乎穿著？」

　　所謂交易員，就是在銀行或投資銀行裡負責投資的任務，但投資的標的不僅僅是股票，包含外匯、債券及各種衍生性金融商品，只要能賺錢，都是交易員的投資標的。

　　也因此，績效好的王牌交易員，年薪千萬新台幣以上是常有的事，但若績效不佳，立刻被公司資遣也是家常便飯。即便如此，若交易員是因為績效問題而被檢討，還在可以理解的範圍內，但竟然是因為穿著被投訴、甚至被告上法院，就真的很匪夷所思了。

　　「那天特別熱，他在午休時間離開辦公室時把領帶拿下來，剛好被客戶看到……」Albert 緩緩說道

　　「客戶告他的理由是：身為一個交易員，如果連自己的日常穿著都沒有打理好，要如何讓客戶相信，這名金融從業人員是可以妥善管理客戶所委託的幾千萬美金資產呢？」

「那後來呢？肯定是沒告成功吧？」

「是沒告成功，但公司為了給這位大客戶一個交代，記了這位交易員一個警告（Warning Letter）；後來他不只當年度的獎金被刪減，在公司的發展也受到限制。」

「等等、你也知道得太詳細了吧！喔，難不成……。」

Albert 對我緩緩一笑：「不然，我此刻還住在紐約呢！」

Albert 的個案也許只是特例，但卻讓我對台港兩地金融業的穿著留上了心，後續將近三年的觀察裡，我發現不論男性女性，香港銀行家確實具較高比例，在穿著方面較台灣的金融從業人員更為用心。

這些用心反映在微小配件上，以男性而言，從袖扣、口袋巾、領帶甚至到襪子，時常可以看到這些配件的配色是與西裝或襯衫相呼應的；女性就更多彩繽紛，從耳環、項鍊、手鍊、戒指到手錶，仔細觀察都可以看到搭配的小巧思。

與之相對，我觀察台灣金融從業人員，男性多數穿著並不合身的西裝，下擺太長、肩線太大，領帶配色讓人摸不著頭緒；女性則多半簡單套裝，彷彿刻意避免過多的配飾。

這讓我非常好奇：不知道是不是因為香港從發跡以來就是靠金融及貿易作為經濟主軸，因此比較願意花心思在外顯的穿著搭配，加上較多歐美人士混跡於金融圈，多少也帶進了西方人士的穿搭風格。

而台灣向來以科技及製造業為主，我們從小被教育的觀念是「把事情做好」，很少有大人會要求孩子應該要「穿得好看、得體」，頂多就是乾淨整齊，甚至父母自己不修邊幅的，也大有人在。

也因此，台灣許多金融集團，甚至都把「樸實」、「勤儉」等作為企業核心理念，組織文化訴求穿著從簡，組織成員自然也就「無心打扮」。

跟 Albert 吃完那頓晚餐後，我與他散步在維多利亞港口，向他請教西裝穿搭的心得之餘，也留心觀察來來往往的路人穿著。

本以為只是簡單的台港兩地穿衣風格不同，沒想到對我後續創業的業務開展，竟還隱藏著文化差異的巨大鴻溝。

國際之男碎碎念

年輕金融業朋友，如果預算有限、又沒有太多「時尚資料庫」，建議還是以乾淨素雅為主就好。畢竟外表只是第一印象，內在實力才最重要喔！

冰的比熱的貴

從飲料小細節看香港人的文化底蘊

開啟了香港的創業之路後,第一件事是什麼?

不是設立公司,也不是銀行開戶,而是吃飯!

頂著大太陽穿梭在這個潮濕悶熱的港都,走進餐館後除了點吃的餐,當然是要來一杯沁人心脾的飲料,很快地,我發現菜單上一個「非常不對勁」的地方。

「欸!為什麼同樣的茶飲,凍(冰)的就比熱的貴零點五塊錢啊!」我問旁邊跟我同行的台灣同事。

「怎麼可能,你熱昏頭喔……」同事一把搶過我手上的菜單,「靠邀啊!還真的咧!」

其他同事開始七嘴八舌加入討論,「是不是凍的跟熱的是用不同的杯子裝,然後凍的比較大杯啊?」、「還是老闆不喜歡做冰的,所以故意賣比較貴?」

結果不知道哪裡冒出一句,「是不是因為冰塊要錢,所

以賣比較貴？」

結果立刻引來眾人的吐槽：「哪有人算這麼精的啦！」、「啊冰塊要錢、瓦斯不用錢喔！」

疑慮難消，我跟最初搶我菜單的同事，決定各點一杯奶茶，一杯熱的，一杯凍的，看看到底有什麼不同。

送上來後，看了半天……嗯，好像還真是沒什麼不同！

「我喝看看你的，」顧不上衛生習慣，我抓了那位同事的熱奶茶小啜一口，喝起來也無甚區別，內心的疑惑卻又更深。

此後，我就對「凍熱不同價」這件事留上了心，後續只要走進餐廳，我第一件事就是先看店家的菜單上，茶類凍飲跟熱飲的價格是否一樣。

就這樣不精準市場調查了應該有上百家大大小小餐館後，我發現除了少數高級飯店及連鎖餐廳，多數的餐館真的都是凍飲比熱飲貴；越是家庭式獨立經營的餐館，凍飲略貴一些的比例越高。

後來當然也有很多跟香港金融同業吃飯的機會，但一來多數時候會因為當天的商務主題忘了這件事，即便有時閃過這個問題，也擔心問出來會不會不得體、被誤會連這點小錢都要計較，這個問題也就一直沉澱在我心裡。

直到創業大概一年多後，某次剛好跟一個來香港玩的台灣朋友約了吃飯，我為了盡地主之誼，早早就訂了當地有名的「鏞記」燒鵝。

　　沒想到，這位朋友竟然不領情！

　　「欸，大餐廳我已經吃了很多了，帶我去吃一些當地小吃嘛！」這位仁兄的要求，算是相當親民！

　　「其實鏞記也不算什麼大餐廳啦，要像⋯⋯」我還想解釋，但他老兄即刻打斷我的話，「我想要的是那種香港土生土長當地人會去吃的小吃，不用特別好吃或特別有名沒關係，但是要夠 local！」

　　結果，為了滿足這位老兄的要求，我們特地坐地鐵到一個叫「荔枝角」的地方——大概是旺角還要再往後坐個四、五站——那裡幾乎很少有觀光客來，街景跟人事物也跟尖沙嘴大異其趣。

　　「怎麼樣！夠『local』了吧！」

　　「嗯嗯！不錯！這就是我要的 local!」

　　懶得翻他白眼，我很隨機地走進一間看似生意不錯、外觀及裝潢看上去卻全沒花心思的小餐館。走進門後，雙耳所聽到的，除了廣東話以外，再無台灣腔或大陸腔的中文。

　　「喔喔喔喔，這不錯喔！」他老兄更加興奮了，鼻孔一開一闔的，看來是真的很開心。

於是我們點餐，我要了一份滑蛋牛肉，他正打算點一道咖哩雞翼時，忽然間整個人原地彈跳了大概三公分，「欸老闆，為什麼菜單上凍飲跟熱飲的價錢不一樣？」

　　老闆用很不耐煩的港式中文立刻回嘴：「啊冰塊不用錢的嗎？」

　　這下換我差點原地彈跳五公分，原來「兇手」真的是冰塊！

　　「不是啊，那你瓦斯不用錢嗎？」這小白目，竟然幫我把第二個問題也順便問了！

　　「什麼瓦斯？」老闆一副「洗咧共三小」的臉。

　　「就是你把飲料煮熱，不是要用 Gas（瓦斯）嗎？」

　　「喔喔你說天然氣嗎？」老闆恍然大悟，但隨即還是翻了個白眼，「所有的茶飲都是煮熱的，你要凍的，再另外加冰塊！」

　　這次，我跟著朋友一起雙聲道地喔了出來，順便喔出了這個壓在心裡長達一年以上的疑惑。

　　但透過這件小事，我也發現了香港與台灣的一個巨大文化差異：對於香港人來說，「明算帳」這件事情是非常自然合理的，甚至不限於「親兄弟」，毫無關係的陌生人也要算得清清楚楚。

但是對於許多台灣人來說,「賺別人錢」帶著一種難以啟齒的道德綁架感 ——「我可以賺你錢,但我不能明說我要賺你錢」;把這層關係說破,一切就不美了。

在香港道德綁架則意外要低得多:我是保險業務員,賺你錢天經地義,就如同我是賣你涼水的小吃攤老闆,冰塊要額外收錢也是非常合理的。

這樣的文化對台灣人來說可能過於直接,但對於身處亞洲金融中心的香港來說,這樣直接快速的交易文化卻可能有其必要性;反之,過於迂迴的表達方式,反而容易造成交易上的效率降低。

這樣直接了當的「溝通模式」,我在後續香港社會的各個角落中,持續體會到,並持續被衝擊著。

國際之男碎碎念

也許直到台灣社會能發展出「我賺你錢天經地義」的商業文化,才能夠離「亞洲金融中心」更近一點!

第一次去蘭桂坊就喇舌

從香港夜生活看台港女性文化差異

　　對台灣人來說，香港工作者——特別是從事金融業的族群——大概天生會被貼幾個標籤，像是「你們的薪水是不是都很高啊？」、「你們是不是都住在半山腰？」、「你們都要一直講英文嗎？」

　　即便乍聽之下有幾分好笑，但怎麼樣也比不上下面這句敘述更讓我噴飯：「你們是不是每天下班之後都去蘭桂坊？」

　　最一開始，我都會直接反嗆：「所以 101 上班的投資銀行家，每天下了班都去夜店嗎？」

　　沒想到，後來還真有某個歐系投行出身的大哥這樣回我：「沒有每天都夜店，我們週一週二會去酒吧或雪茄吧，因為夜店禮拜一二沒開啊！」

　　還真的咧！

　　即便在香港的夜晚頗為無聊，我也還是很少去蘭桂坊廝

混，一來是我覺得蘭桂坊也沒多「有聊」，二來是喝酒的價格太貴了，對創業初期的我來說，還是能省則省。

蘭桂坊認真說起來是一條路名，但最後已經被泛指「晚上喝酒的那一區」，都會被視為蘭桂坊；就像台北的「東區」一樣，其實是一個指標性的代稱。

但初次到蘭桂坊的人確實會覺得挺有趣的，不僅是因為這邊酒吧林立，更特別的地方在於：會有很多人在戶外或坐或站就開始喝起酒來，彷彿整個蘭桂坊就是一個超大型的露天酒吧。

這種開放式特性似乎是受到英國殖民的影響。我自己在英國乃至歐陸旅行時，就曾發現：戶外座位比室內席次更搶手，常常是戶外座位滿到必須排隊，但室內區卻空盪盪。

台灣的酒吧坦白說就跟日本的風格比較像，不僅沒有這麼密集地聚落在同一區、而是四散在台北市各個不同角落，即便酒吧密度相當高的台北市安和路，許多酒吧也是隱身在巷弄內，彷彿喝酒這件事本身就必須低調。但在蘭桂坊，喝酒的人們是可以大剌剌地站在馬路邊大聲喧嘩，情侶摟腰攪肩自然調笑，似乎喝酒放鬆這件事，就跟吃飯吃麵一樣，是再正常不過的生理需求。

更加開放的不僅是喝酒的空間，還有參與其中的人們。

某次，我偕同台灣一位相貌出眾的同事出差香港，這位

年輕弟弟叫強納森（Jonathan），從下飛機開始就嚷嚷著要去蘭桂坊「見識見識」。雖然我這段時間下來都快把蘭桂坊的地磚踩爛了，但拗不過這位小兄弟的死磨硬泡，我這「老人」還是硬撐起眼皮，捨命陪君子前往上環——蘭桂坊所在的地鐵站。

剛走到開在「蘭桂坊」路牌旁邊的一間位於街角的酒吧，強納森如同三天沒有被遛的小狗一樣，立刻掙脫我們的控制，跳上酒吧的高腳椅，對著酒保興奮地大喊：「我要一杯 Gin Tonic！」

二十分鐘過去，強納森開始嘀咕：「蛤？蘭桂坊也就這樣嗎？好無聊喔！」

嘿嘿，你看吧！正當我打算好好勸勸他，順便想盡早帶他回飯店結束這一回合時，我們身後傳來動聽的港腔女音。

「你們好，可以跟你們喝一杯嗎？」

一轉頭，哇哇不得了，是一對雙胞胎姐妹！

我再把脖子扭回去，發現強納森已經光速把桌面清空、挪出兩張椅子，把酒單平整放在桌面，同時露出燦爛笑容，「歡迎！請坐，妳們想喝點什麼？」

哇哩咧這臭小子，平時叫你交業務報告十天孵不出一顆蛋來，現在這速度是怎麼回事！

不過看在這對貌美如花的雙胞胎姐妹被你的外表給吸引過來，過去的報告就如昨日死，不跟你計較了……

雙胞胎姐妹一位叫 Mandy，一位叫 Katie，兩個人都頗為活潑，也讓我們本來無聊的夜晚，增添了幾分色彩。

「嘿嘿，蘭桂坊滿好玩的嘛。」強納森傻笑，我一看完了，這人正朝著喝醉的方向穩定前進，希望待會不要做出什麼踰矩的事情來。但隨著酒酣耳熱，我也漸漸發現一些「趨勢」：主要纏著強納森聊天的 Katie，兩個人的肢體動作越來越明顯，從拍打對方、拉拉袖子，到兩人指尖有意無意地觸碰，曖昧的氣氛肉眼可見地升高。

而 Mandy 雖然對我的話題有問必答，在我精心丟出一些搞笑梗時，也很識趣地微笑，但始終與我維持著禮貌的十五公分距離，而且是那種要是我再靠近一公分、肌膚就會被結界灼傷的隔閡感。

嗯，看來態勢已經很明顯了。我今天就是來幫強納森買單的！

既然都知道要當爐主了，我決定好好享受當下；拿起面前的整瓶香檳，我把 Mandy 及自己的高腳酒杯斟滿，細密的氣泡從杯谷隨著杯緣緩緩漂浮而上，如同蘭桂坊的夜晚，男男女女情慾高漲。

「妳們平常常來玩嗎？」我已經放棄討好 Mandy，試著以平常心跟她搭話。

「偶爾囉！」Mandy 執起香檳杯細細的杯梗，優雅向我

致意，「平時要工作，也不是這麼常出來玩的。」

嗯嗯，我懂我懂，就跟我媽問我是不是很常熬夜一樣，我會回「也不是這麼常晚睡的」。

「妳們的工作是什麼呢？」

「我在精品專櫃上班，Katie 的話……你自己問她囉！」

「喔，不過我想她現在好像不太方便回答問題。」我這樣的表達算是很委婉的，畢竟 Katie 現在整顆頭都被揉在強納森懷裡了！

Mandy 淡淡一笑，彷彿很習慣眼前的景象。

「所以來蘭桂坊這邊喝酒的，真的都是銀行業的人比較多嗎？」酒精在我體內持續發酵，我也就厚著臉皮繼續問。

「畢竟這裡靠近中環嘛，金融業的人多，鬼佬[1]也多，消費也比較高；本地年輕人的話，去油尖旺比較多點。」

「我本身也是在金融業工作的喔，辦公室就在……」可能剛剛 Mandy 那一笑太勾人，又或是我做業務不服輸的個性使然，忍不住還是要自吹自擂一下。

Mandy 朝左側輕輕揮手，似乎是看到熟人，看來我的吹噓完全沒用，又或是顏值決定了對方充耳不聞的程度。我無奈轉頭，赫然發現強納森已經與 Katie 雙唇交纏在一起了。

呃，看來不只是買單，我今天還要自己回飯店了。

---

1 香港用語，在粵語中用來稱白種人的俗語。

Mandy 輕輕拍了我的左肩,「很謝謝你的香檳。」一飲而盡杯中金黃瓊漿後,瀟灑向剛剛揮手的友人方向走去。

我目送著 Mandy 婀娜又充滿誘惑的背影,招來 bartender 要求買單,看到帳單的那一刻,深深體會到什麼叫做「人財兩失」。

回頭看看強納森跟 Katie,嗯,嘴巴是分開了,但其他部位好像又密合得更緊湊了。我識趣地在刷卡單簽下名字,走出酒吧攔下計程車準備回飯店。

在離抵達飯店約五百公尺處,我讓司機提早放我下車,用緩慢的散步驅趕酒意,甚至在深夜營業的小攤販處買了麻辣及咖哩兩種口味的魚蛋。

沒想到還沒走進房間,後面就傳來熟悉的聲音:「這麼香,我也要吃!」

竟然是強納森!

「你這個畜生,還知道要回來啊!」這話聽起來好像哪來的深宮怨婦,但真真切切是我當下的心情寫照。

「啊、就、玩完了,就、回來啦!」這無恥男子的雙唇剛才還在夜場歡愉,此刻已經在大啖我碗中的魚蛋。

「嘿嘿⋯⋯是被人家拒絕了嗎?」我就是無法控制地想挖苦強納森,雖然我自己才是今晚過得最苦的那一個。

「也不是欸⋯⋯就、感覺她只是去開心的,好像沒有想

要什麼後續。」強納森搖頭晃腦地說，可能對他而言，今晚的一切，也就只是一種旅遊體驗而已。

但強納森的豔遇，讓我的心中有個更深的疑惑：像這樣的邂逅，究竟是蘭桂坊的日常，還是屬於非常偶然的例外？

我後來拿這個案例向香港本地朋友請教，當然各式各樣的回覆都有，但最普遍的說法是：「香港女生大部分只是去夜場開心一下，倒不見得一定會發生什麼。」

「但即便幾個女孩子一起去，也沒有要求要同進退嗎？」

「當然沒有囉！大家都是大人了，即便有人真的想先行脫隊，也沒什麼奇怪的。」香港女生朋友 Sasa 如是說。

綜合了大概十個以上的「訪談對象」，我得出的「田野調查」心得如下：

相較於我那個年代，台灣女孩子比較追求同進同出的心態，香港女生則顯得較為獨立；而也可能是蘭桂坊充斥許多外國人（就是前面 Mandy 所說的「鬼佬」），酒吧的氣氛也較台灣更加「洋派」：許多女性就是來放鬆或是享受夜晚氣氛的，不一定像台灣女生一樣盛裝出席，但言談舉止間也更加自在。

以上的觀察倒不是說台灣女生比較沒有自我，而是在於「去酒吧喝一杯」的初衷，台灣女生追求的目的性更加明確：要嘛是特別重要的聚會，要嘛是充滿曖昧的約會。

但對香港女生來說，這似乎就是日常的休閒娛樂之一，可以有段豔遇當然不錯，但重點還是自己的心情，而不是別人怎麼看自己。

這當然不是我最後一次去蘭桂坊喝酒，但卻是我印象最深刻的一次。

在那段期間，台灣坊間很流行出一些名為「第一次 XXX 就 OOO！」的類工具書，像是「第一次買共同基金就賺大錢！」或是「第一次開咖啡店就成為咖啡達人！」之類的。

事隔幾個禮拜，我跟強納森在台北碰面，又約了在酒吧小酌。

聊起這件事後，我忍不住又想調侃他：「怎麼樣？要不要出一本『第一次去蘭桂坊就喇舌』的教學書啊？」

「呵呵呵，你這樣說，我會不好意思捏……」

我沒有在稱讚你！

國際之男碎碎念

但多數香港人去蘭桂坊喝酒只是圖個消遣及放鬆，大家還是不要期望太高比較好喔！

燒臘在空中飛

台港文化差異造就的金融基因差距

在我身邊朋友「第一次出國自由行」的名單中，日本、韓國及港澳很可能占據了九成以上的比重；特別是香港，光是「飛行距離近」及「能說中文」這兩大優勢，幾乎就成了台人第一次自己出國的必經「新手村」。

而去香港旅遊回來後的台灣人，有很高機率會分享這樣的經驗：「香港人的服務態度都好差喔！」

這當然不是一個準確的敘述——首先，很多服務你的人很可能就來自廣東或福建，而不是「香港人」——但卻也生動地描繪出台灣與香港之間的文化差異。

台灣的人情味及服務溫度，真的是舉世聞名的。很多台灣人很可能不了解，為什麼有些歐美國家的人「一來台灣就愛上」；因為能夠暖心且真誠地對待陌生人，其實是非常特殊的民族性。

但台灣人就剛好具備這樣的特質。

與之相對的，香港社會並不流行「噓寒問暖」的服務風格，多數時候就是很公事公辦的「你提需求，我滿足需求」；這樣的服務流程其實也不能說有錯，但對台灣人來說，就是比較冷漠，甚至會產生「太沒禮貌了吧！」這種反應。

　　強納森來香港吃的第一餐，我就帶他去吃了某間名聞遐邇的燒臘店。點餐的時候，強納森左思右想，遲遲無法下決定，導致點餐的老闆娘頻頻用鼻孔哼氣表達不耐。

　　「欸欸大佬、哩卡緊欸！這是菜單不是你家祖譜嘿！」我善意提醒。

　　「挖～你一句話包含三種語言喔！踹～林果（trilingual）喔！」

　　「你趕快啦！」

　　「好啦……我……我要一個三寶……欸算了，我要一個燒雞飯！」

　　「可以！」老闆娘從鼻孔噴完最後一口氣後就快速閃人。

　　「欸你有聽到嗎？」強納森不可置信地轉頭看我，「她剛剛說『可以』欸！」

　　「對啊，很靠杯吧！」我剛來香港時，也是各種不習慣。點完餐後對方回答「可以」，好像是在拿點餐人員的允許一樣卑微。

「這是正常的嗎？」強納森還在嘀咕。

「哎啊久了你就習慣了啦！」我拍拍他，愛莫能助。

等到上菜的時候，老闆娘也沒在客氣的，整盤燒雞飯從強納森右手腋下外側刺斜裡飛來，然後降落在我們的桌上。換句話說，這盤飯不是被「端」上來的，反而比較像是「甩」過來的。

我轉頭看強納森，等待他又要產出怎樣的抱怨，沒想到他一臉欽佩，「欸你知道嗎？剛剛有一個瞬間，盤子裡的燒雞是懸空的欸！」

「就是……只要站在風口上，燒雞也會飛上天？」那個所謂的風口，很可能是指老闆娘的火氣。

但就這麼小小一件事情，其實正好呈現出台港兩地金融基因的巨大差距。

台灣因為重人情，加上金融服務收費低廉，使得客戶更在意「服務品質」，而銀行也往往以「服務導向」作為攬客的重要訴求。但在香港的銀行服務中，更多是公事公辦的執行流程。

有一部曾經還算有名的電影《奪命金》，片中導演刻意用了一定長度的鏡頭介紹香港理專如何銷售金融產品：會宣讀投資契約內容，然後錄音，並且詢問客戶確認其是否「清楚明白」。

無奈投資條款對一般投資人來說根本如天書一樣困難，飾演客戶的中年婦女頻頻停下來提問，於是理專被迫按停錄音鍵，安撫完客戶後又繼續提問。就這樣問問停停到最後，大媽客戶只能像小學生不論什麼問題都乖乖回答「清楚明白」，最後「如願以償」申購到這支理專推薦的基金。但這其實不是電影情節，是在財富管理領域每天真實上演。

　　《奪命金》上映日期是二〇一一年，但早在我創業之前，就曾聽聞香港私人銀行工作的朋友說，他們的理財產品申購幾乎都需要錄音——但是是不能按停的。所以理專在問問題的時候必須要坐在對面猛打 pass：點頭、搖頭或是比數字。

　　另外就是每個投資人都必須要寫風險偏好確認書——俗稱的 KYC（Know Your Customers）中的一環。如果做出來客戶的風險偏好是低風險，那麼中及高風險的產品一概不能銷售；如果執意要申購，必須由私人銀行業務上呈豁免（waiver）並獲得核准。

　　這一切嚴謹的行事作法是為了保證客戶免於在金融交易中蒙受損失嗎？

　　就我來看，最大的目的其實是在為金融機構本身「推諉卸責」。

　　說推諉卸責可能過於刻薄了一點，但我想強調的是：嚴謹的銷售流程及強力的法治約束，是奠基在「把交易對手

（counterparty）當成法律上的一個獨立個體去互動」，這樣的一個大概念下。所以如果之後有任何的糾紛，除非是這個流程上存在隱瞞或欺騙，否則說難聽點，大家都是成年人了，這個交易中該產生的權利義務你理當清楚——何況我們還錄音存證了。

說得更難聽點，香港多數銀行的立場就是：「大家都是成年人了，難道你不該在簽約前確認清楚合約內容嗎？」

但相對的是，香港監管當局同時也以較為透明的態度監管金融機構。因此當大型的系統性損失爆發時，香港監管機構也會以較嚴厲的方式向金融機構究責。以二〇〇八年金融海嘯最著名的雷曼連動債事件為例，香港的投資人不但平均得到約七到八成的賠償金額——遠高於台灣投資人的二到三成——獲賠速度也是遠快於台灣。

但台灣的消費金融，也不是一無是處，甚至有很多獨到的長處。這些長處，源自整體服務業的高水準及台灣民情。

最大的長處，除了前述的服務溫度以外，「快速有效率」也是台灣金融業一個寶貴的特質。

上一趟銀行辦事，不管辦什麼基本上三十分鐘以內一定可以搞定——真的弄到三十分鐘可能已經會招來抱怨了。但在香港，以我十次以上自己辦理或陪同的經驗，光是開一個戶弄個一個半到兩小時很可能只是基本盤——而這還不包含在那之前一到兩小時的等待時間。

另外香港的各種辦理事項也是奇貴無比。我創業那幾年，時常需要在香港辦理本地銀行間匯款，碰過最高一次匯款的手續費竟然要價兩百塊港幣——而我只是要匯三千塊港幣給律師事務所。同樣的金額，在台灣應該夠匯個上百甚至千萬不成問題。

高收費來自香港本地的高人事及地租成本，同時也因為對收入的要求更高，除非你是銀行理專名單上的 A 級客戶（有能力且有意願購買金融商品），不然走進銀行很難看到什麼好臉色。

總結來說，一個國家的消金呈現什麼樣貌，某種程度上鏡射出了該國的民族性及社會氛圍。換言之，香港與台灣的金融業職場文化差異是「果」，造就這個文化差異的「因」，在於兩者之間歷史形塑下的不同民族性。

當我們看見香港金融業與國際接軌的光鮮亮麗面的同時，不能忽略其利潤導向下的各種特質：現實，手續費高及將本求利的個性表露無遺。

重視人情味的台灣，也許很難像香港那樣「在商言商」，但低成本的交易環境及溫暖的人際關係，卻讓我們這些漂流海外的台灣人「回味無窮」啊！

強納森就跟我去過銀行一次。走出來之後，他認真地對我說：「你應該跟那家銀行多借點錢的——反正走進去每個

人對待你的態度，都像是你欠了銀行非常多錢！」

　　「如果你真的借得夠多，可能他們態度反而還會好一點喔！」我拍拍他，同樣地愛莫能助。

國際之男碎碎念

台灣銀行的辦事效率之高及成本之低，真的舉世聞名！下次在銀行苦等時，想想那些在海外生活、必須等上更久的台灣人，會不會心情好一點呢？

不用台胞證也可以入境中國

人治社會跟你想的不一樣

　　因為在香港工作的關係，我透過朋友引薦，逐漸認識了一群私人銀行家（Private Banker）。

　　私人銀行聽起來非常神秘，但所做的業務本質其實跟你我在銀行接觸到協助理財的專員非常接近，唯一造成他們之間最大差別的，在於處理的客戶的資金量體。

　　所以我們常開玩笑說：如果你不夠有錢，那麼去銀行辦事時，就請在一樓乖乖排隊；如果你稍微有點錢，就可以上二樓財富管理專區，會有專人為你服務。

　　那如果你超級有錢呢？請直接上 38 樓，會有私人銀行顧問擔任您的專屬財務管家。

　　如果比這個還有錢呢？「那一般就會自己開一家銀行囉！」「疑似」因穿著議題被流放到香港來的 Albert 這麼說。

　　這聽起來似乎很現實，但沒辦法，金融業就是這麼現實

的地方。畢竟是處理錢的產業，怎麼能不向錢看呢？

而且那些超高規格的服務設備，也都是私人銀行真金白銀去換來的；最誇張的例子是：我曾聽過香港某歐系私人銀行，為了取悅客戶，把當年上海 F1 的賽車場地包下來一天，讓那些 VVIP 級客戶去跑道上「遛」自己的超跑。

其中多數人──特別是香港電影「賭神」的劇迷──耳熟能詳的瑞士銀行，我自己就曾到訪香港的瑞銀不下十次，後面當然如同走自家廚房一樣熟悉，但第一次去的時候，其內部的裝潢之華麗，還是讓我這個鄉下土包子為之乍舌。

特別是一走進香港瑞銀正廳，那面對維多利亞港的無敵海景，讓人不論看幾次都為之嘆服。

「民脂民膏啊……」我不禁在內心感嘆。這應該都是那些超級 VVIP 客戶貢獻手續費收入所換來的吧！

「很誇張吧！聽說光大廳這個沙發區，每年租金就要四千萬港幣啊！」

身後忽然傳來再熟悉不過的台灣腔，令我下意識地轉身，印入眼簾的，是一位中年大叔。如果國語字典需要「田僑仔」的真人圖片做文字註解，我想這位大叔應該是不二人選。

這位主動向我攀談的趙大哥，其實是中南部的台商，早在九〇年代就已經去對岸發展了；在廣東省江門市一隅設立

了自己的工廠，成為某國際大型代工廠的供應鏈之一。

趙大哥在他的賓士 S 系列加長型豪華大車裡向我描述他的奮鬥史：「當時來的時候，是真的什麼東西都沒有喔！就是一片荒地……人家都開玩笑說信義區以前是田地，這裡連田都不是！連種個鳥屎都沒有！」

雖然很想吐槽他鳥屎不需要種，但賓士 S 不知道幾百坐起來好舒適，我也就繼續靜靜聽他「臭彈」。

「我們來了以後齁，你知道最難的是什麼嗎？不是蓋廠、也不是買地，是徵人！因為附近什麼都沒有，根本不知道去哪裡找人，哇哈哈哈！」

雖然不知道找不到人笑點在哪，但還沒來得及吐槽，趙大哥按下我與他座椅中間扶手區的一個按鍵，竟然從扶手區後面、連接著行李箱的地方彈射出兩個香檳杯及香檳，而且還冒著煙……是冰的！

我吞了吞口水，「那你當時為什麼不找熱鬧一點的地方呢？」

趙大哥揚起眉看著我，「因為便宜啊！當時台商來開發，如果是找完全沒有開發過的地區，地幾乎是隨便你拿；只要能帶動就業，政府什麼都幫你，甚至很多許可執照，一個禮拜就下來了！」

這點在我後續的中國經驗中得到驗證：雖然同樣都是

「公家機關」，但是不同的地方單位，仍然存在微妙的競爭關係，甚至即便是同個省分裡面的城市，也會為了爭取預算、地方官為了自己的政績考量等因素，而彼此爭奪資源。

「我們以為來共產國家齁，拿地會很困難；但是沒有想到齁，人，才是最難的！」趙大哥感慨地說。

「是啊是啊，人的因素，永遠是最不可控的……」當時在創業的我，心有戚戚焉，就附和了趙大哥兩句；不過你說歸說，手不要停下來，香檳趕快倒啊！

就這樣邊喝邊聊，我們很快到了前往江門的口岸，正要登船之前，趙大哥忽然眉頭一緊，露出當天以來最嚴肅的表情：「夭壽啊，我忘了問，你有沒有帶台胞證？」

真的是夭壽，這個問題不是最一開始就要確認嗎？

「有有，我有帶。」

「喔喔，有就好……」趙大哥轉身繼續往甲板前進，進入船艙前，塞了不知道什麼到船上的服務人員手中，他就帶著我們，繞到某一個小門後。

門一拉開，不說我還以為來到錢櫃！而且……還是有妹子的那種！

趙大哥很自然地坐到正中的位置，妹子們就像剛被摩西分開的紅海正要恢復原狀一樣，又往趙大哥身上靠攏；趙大哥大聲喊道：「妳們今天要好好照顧這位……欸你貴姓啊？」

真的是夭壽，看來剛剛大半瓶香檳都是你喝的吧。

　　「呃不用、不用特別招呼我沒關係，趙大哥，我跟你簡短介紹一下我們的計量模型吧！你聽過隨機漫步……」

　　「不用散步啦！在船上要散什麼步！先喝先喝啦！下了船再說！」旁邊的紅海女孩熟練地斟滿兩杯台啤，一杯端給我，曼妙的手勢搭配擠得恰到好處的乳溝，「您好，怎麼稱呼？」

　　唉算了，散什麼步，就先喝吧！

　　紅海女孩就這樣靜靜地坐在我旁邊，伺候著我吃喝。不聊聊也真的挺尷尬的……

　　「欸，那個……」我嘗試著開口。

　　「我姓徐，叫小倩。」

　　「喔，原來妳不是姓紅叫海啊……」

　　「什麼洪？」

　　「沒事沒事，小倩，我問妳喔，妳們都是內地人嗎？」

　　「是呀，我來自哈爾濱的。」

　　「但妳們這樣，進進出出香港，有這麼方便嗎？」

　　我會有此一問，是因為在當年，中國還實施相對嚴格的邊境管控措施，即便是陸路或水路，台港澳居民要進中國相對容易，但中國人民要出境卻不是那麼簡單的事。

　　「什麼方便？我不懂你的意思。」小倩顯得很困惑，已經喝到有點大舌頭的趙大哥在旁邊幫腔：「她們沒有入境香

港啦！」

「什麼意思？」這下換我困惑了。

「她們不是進了香港後又出來，她們就是留在船上，人沒有入關，等於沒有出入境的問題！所以每次我要坐船，我就會聯繫她們的媽媽桑，讓她們上船後，在船上等我啦！」

哇，原來還可以這樣！

沒想到趙大哥接下來講的話更勁爆，「我這個靈感齁，是來自我有一次沒有台胞證也入境江門的經驗！」

「沒有台胞證也可以入境嗎？」我大驚，手中酒杯差點掉到地板上。

「嘿嘿、厲害了吧！」趙大哥仰頭乾掉手中台啤，繼續說：「反正就是有一次齁，我來香港買金飾，結果臨時有事要回江門，急急忙忙就上船，結果到了江門口岸，才發現：靠腰啊！某抓丟台胞證！」

「那怎麼辦？」剛剛還在問我貴姓的人，確實很像他會做的事。

「對啊，當時在海關另一邊我的司機也傻眼，問說可不可以通融一下。」

「就這樣進去了？」這個「通融」應該有點昂貴吧！

「當然沒有啊！海關耶！那可是直屬中央的單位！反正喬了半天，最後折衷的作法，就是讓我在船上睡一個晚上，等隔天早上開船後再『遣返』回香港，嘻嘻嘻！」

雖然我不知道被遣返回香港笑點在哪，但我總覺得這故事還沒完，「所以你就真的在船上睡了一個晚上？」

「納屋摳連！我趙某某捏！後來便當才剛吃完，海關的人就急急忙忙跑回船上，說要讓我進去了。」

「蛤？所以怎麼進去的？」

「叫人囉！我叫我老婆打給書記，說我碰到些麻煩，結果說書記太早就喝醉了，只好又打給市長，還好市長只喝個半醉而已。」

真的是還好，看來我在平安入境之前，最好也少喝點。

「市長後來又打了幾通電話，也不知道他打給誰，反正就是……搞定了吧！」趙大哥繼續說：「那個海關的人，叫我把身分證啦、健保卡啦，什麼有的沒的證件全部押給他，就讓我進去陪市長喝酒了！」

也太隨便了吧！不是說海關是直屬中央的嗎！

但在我往後的中國經驗裡，這點也持續得到驗證，甚至即便直至今日，中國社會運作的底層邏輯，仍然是「有關係就沒關係」。

唯一的差別是，過去制度法規不明確，所以可以大剌剌的「有關係就沒關係」，而各種靠關係後的產出，造成相對混亂的結果；但在今天，法令變得較為嚴明，「靠關係」的作法就變得較為隱晦，社會資本的運用方式變得更加幽微緻密，檯面上不能明目張膽地說「有關係就沒關係」，但實際

上誰都知道，「關係」仍然是在中國江湖走跳，最重要的一項防身技能。

差別只在於，你選哪邊站而已。

趙大哥的這段「無證入境」感覺好像講了很多次，旁邊的紅海女孩們一副已經聽到不想再聽的表情。

小倩幫我把我的酒杯斟滿，揚起手說要跟我乾杯，在雪白的肩線後方，隱隱已經看到了江門市的燈火。

我忽然想起一件事。

「呃趙大哥，所以你剛剛忽然這麼緊張問我有沒有帶台胞證是⋯⋯」

「因為你沒帶的話，我要提早打給市長啊！」

「但是打給市長後，我就可以進去了不是嗎？」

趙大哥露出當天第二次嚴肅的表情，「我上次進去後，陪市長從晚上喝到隔天中午，你行嗎？」

國際之男碎碎念

與其不用台胞證也能入境，我可能更偏好「公事公辦」的人臉辨識自動通關呢！

業績越好越寂寞

如果成功模式本身是錯的,還算「成功」嗎?

　　我一共在趙大哥家住了三天,三天晚上都被帶出去「唱歌」,吃了牛排龍蝦或各種珍饈,喝了數不盡的茅台。

　　晚上就住在趙大哥的四層樓透天豪宅,占地大概超過千坪,一家四代同堂住在一起,但因為人丁太多,不論早餐午餐晚餐,人從來沒到齊過;倒是在家幫佣的佣人共計三位,每天一睜開眼他們就在工作,而不管喝得多晚回到家,也總有人醒著在等門。

　　但我想要向他展演的財務模型,卻一次都沒有談到。

　　終於在第四天接近中午,我鼓起勇氣,在飯桌上提起這回事:

　　「趙大哥,叨擾了這麼多天,真是不好意思……」

　　「哎呀,都是自己人,沒什麼不好意思的!」趙大哥揮了揮手,轉頭向家裡的幫佣要兩瓶金牌台啤。

　　「不不,這幾天受您照顧很多,是真的很感謝趙大

哥……」

「都是台灣人，說感不感謝就太見外啦！來來，先喝兩杯台啤醒醒酒！」

我雙手恭敬接過酒杯，「那、趙大哥，我們什麼時候可以先聊聊之前在香港說的計量財務模型？」

趙大哥雙眉一軒，「可以、當然可以！找你來不就是為了這件事嗎？來來，我們先吃，吃完再聊。」

想當然的，吃到一半，桌上的瓶子又從台啤變白酒；時間推移，場地也從餐桌變 KTV。等我再次醒來，又是隔天早上，而財務模型，就如同昨天被殲滅的啤酒罐一樣，被掃進垃圾桶裡。

隔天，我把我的隨身行李收拾好，穿上襯衫西裝，除了水之外只向幫傭要了一杯咖啡，打開筆電正襟危坐在客廳等趙大哥起床。

一直到快下午一點，趙大哥穿著吊嘎從二樓慢慢晃下來，看到我的樣子，揚起嘴角對我招招手：「來來、先吃早餐……」

還吃啊！

我維持正坐的姿勢一動不動，「趙大哥，抱歉我台灣還有業務必須要回去處理，希望可以耽誤您十五分鐘，我把財務模型的概念跟您說一下，畢竟這是我此行主要的目的。」

趙大哥停下腳步，走到我身邊的沙發坐下來，我以為機會終於來了！還不等我開啟投影片的第一頁，趙大哥先開了口：「老弟啊，你聽我說⋯⋯」

　　「我們也相處了幾天，我這幾天一直都在觀察你，發現你待人處事還可以，喝酒前後人也不會變得太多，表示你這人表裡如一，還算是可以信任。」

　　「但是齁，我跟你說，我們這些台商齁，都是土炮啦！要說學歷或專業齁，怎麼比得過你們這些高材生？你說的那個模型齁，就算真的有問題，我也搞不懂啦！說到底，我只能信任你這個人！」

　　「趙大哥，其實這個模型的概念很直覺，金融市場裡面⋯⋯」趙大哥揮了揮手，阻斷我的話，繼續說：「你要知道齁，我們這種中小企業做生意，講求的是對彼此的信任；我當時在瑞士銀行看到你，聽到也是台灣人口音，這是信任的原因之一。」

　　「這幾天聽你說你的學歷，我也請了台灣徵信社的朋友大概調查了你一下，確認你沒有什麼複雜背景，加上又是 X 大出來的這種高材生，這是信任的原因之二。」

　　「這幾天我們密切相處，我觀察到齁，你對我們家佣人也都客客氣氣的，表示你這人基本的禮貌不錯！家教不錯！這是信任的原因之三。」

　　我的背後默默滲出一絲冷汗，原來我的一舉一動，趙大

哥都有在暗中觀察。

「不過齁，我們工廠平常資金也是需要周轉，還好我自己身上齁，多少有一點存款……」

呃，還一點存款，你不是瑞士銀行的客戶嗎……

「這樣啦，我先拿五百萬試看看你說的那個模型，看看績效怎麼樣，之後再看看成果如何，好嗎？」

五百萬這個金額，其實跟我本來的預期有點落差，但話先被趙大哥說死了，我也只能點點頭。

收拾好行李，趙大哥安排他的司機直接專車送我回香港，「這次不陪你坐船啦，哈哈哈。」趙大哥豪邁地拍拍我肩膀，「記住啊，信任，這是最重要的。」

回程的路上，我一直在思考趙大哥所說的那幾句話。

在我創業之初，花了最多心思的，是在模型的建立及測試，以及對自己本職學能的充實；但在不認識我的客戶眼中，這些只是最基本的要求。

換個角度說：投資績效的好壞，雖然會是考量的理由之一，卻不是最重要的；判斷這個人的一言一行是不是能夠信任，才是首要條件。

這也許是為什麼相比科技業或服務業，選擇在金融業創業更加困難的最重要原因：不但存在高度監管，對設立公司的資本金有要求，即便只是提供相應服務的服務商，也必須

從頭與客戶建立信任。

　　經過趙大哥的事件之後，身為公司負責人的我，開始把工作重心由產品設計轉移向業務開發，每天睜開眼睛就是上班，從早餐開始，排定一場又一場的會議，甚至直到深夜，還會與喜歡去夜店或酒吧的潛在客戶喝個兩杯。

　　不管任何時間，只要有客戶聯繫，一個小時車程以內的地點，我一定二話不說立刻前往。曾經有過從宜蘭礁溪直接殺到竹北科學園區的紀錄，或是深夜十點從桃園直奔台中的某個會館，只為了爭取跟客戶談上三十分鐘。

　　這樣燃燒生命式的開發業績，當然換來了一定的工作成果，公司的業務量越來越大，我的睡眠時間越來越少，腰圍卻越來越寬，「健康」兩個字，離我越來越遠。

　　有幾次，我邊開車邊打瞌睡，最後甚至直接在等紅燈的時候完全睡著，睡到後面被我卡住的車主前來拍我車窗，我才猛然驚醒，並羞愧地把車開走。甚至有次，因為是在大溪某個鄉間小路口睡著，不知道睡了多久，朦朧中聽到「碰碰碰」的拍打聲，一睜開眼，看到的是警察瞪大了眼睛站在我車窗外。

　　「有沒有喝酒？」員警示意我搖下車窗。

　　「……怎麼可能喝酒，我提神都來不及了。」

　　「臉色不是很好捏，要注意喔！」員警親切的叮嚀，聽在我耳中，卻只覺得煩躁。

「老子在創業壓力大得很，你們這些公務員，懂個屁！」我在內心暗自吐嘈。

那段時間，我整個人變得異常暴躁，工作成果只要不如預期就會忍不住發火，「我在外面衝鋒陷陣，你們不要在後面扯我後腿」成了我的口頭禪。

幾次草創時期的員工找我聊聊這件事，「那個誰誰誰畢竟是剛畢業的新鮮人，也許你在跟他談的時候，口氣可以稍微好一點？」

「喔，如果你們業績做得好一點，不要說口氣，我邊說邊唱都沒問題！」我總是這樣懟回去。

漸漸地，員工也越來越少來找我講話。

工作起來火氣越大，我越是把每一個執行環節鎖得越死；而我越是得理不饒人，所有人就離我離得越遠。越是沒人可以傾訴心事，我越容易感到寂寞，酒局就安排得越多。有幾週我從週三晚上喝到週日清晨，看著日出悠晃晃地在街邊徘徊。

「我，到底在幹嘛啊？」

國際之男碎碎念

究竟是金錢使人迷失，還是因為迷失所以墜入金錢漩渦呢？

輸了妳，也輸了全世界

選擇離開，讓一切從零開始

感情問題，成了壓垮我的最後一根稻草。

因為上了坊間許許多多業務課程，我開始信奉「實力＝外在條件」那一套，不僅把本來的二手 Toyota 換成豪華歐洲車，穿戴也開始多了名牌，甚至還在信義區的某個小豪宅租了可以直接遠眺 101 的套房。對業績有沒有幫助不知道，倒是引來不少桃花，畢竟「少年頭家」這個標籤，總是可以引來無限的遐想。

最一開始，我還可以謹守道德底線，頂多是傳一些語帶雙關的調情訊息；但就在某次酒局的最後，席間的一位年輕女性要求一起去看夜景。

「我都喝酒了，怎麼開車？」

「誰說看夜景要開車？」對方豔紅色的指尖繞著香檳杯緣滑過，我只感覺一陣燥熱在騷動。

「不然要怎麼看？」

「聽說你家，可以直接看101？」

「這不好吧？」

「你們剛剛聊到在大安區有四間醫美診所的熊院長我有認識，也許之後可以幫你跟熊院長引薦認識一下？」

「我來叫車。」

後面的故事劇情，大概不難想像。當然沒有看夜景，甚至已經不記得當天晚上101有沒有點燈，倒是隔天早上漱口杯裡多了一支牙刷；後來什麼熊院長牛院長最終也沒有見到，我的副駕駛座卻開始出現兩種不同顏色的落髮。

人最危險的狀態，就是自以為自己最聰明的時候。我遊走在元配女友的安穩與外遇情人的刺激之間，自以為在做著兩種不同金融商品的無風險套利，卻不知，我只是蒙上雙眼，拒絕正視真正的幸福，已在逐漸崩壞。

某天，元配女友毫無預料地來到我的住處，那個金碧輝煌的信義區小豪宅。

「我到了，你可以下樓來一下嗎？」她語氣平淡地像是來送消夜給我，作賊心虛的我卻不禁有一絲緊張。

「怎麼了，上樓來坐一下啊！」我見到她，心底稍微安定了一點。一樣平和的臉色，一樣平和的微笑，一如我初見她時那樣溫婉恬靜。

我內心甚至泛起一絲歉疚。我身邊已經有了一個這麼好的女友，可我卻仍在跟別的女人廝混。

　　「不用了，我問完這句話就走。」她拿起手機，螢幕上是一則別人私訊她的訊息，短短幾行文字，配上一張照片。

　　「你怎麼說？」

　　「什麼怎麼說……」一股寒意從我腳底直竄腦門，照片中的男人明顯熟睡，女人用被子遮住身體，以自拍的方式，對著鏡頭露出甜甜一笑。

　　那男人——即便以再怎麼殘缺的人臉識別技術，大概還是會得出同樣答案——是我。

　　沉默。

　　能言善道的我，一時找不到任何可以使用的詞彙。反而是她，深呼吸一口氣後，率先開口：「我知道這陣子，你也很辛苦；公司的事情，讓你壓力很大，之前因為期貨虧損導致的財務缺口，更讓你喘不過氣。」

　　「所以有時候我不找你，不是因為不關心你，是我怕會打擾你，所以想讓你專注在工作。」

　　「更希望我可以盡快研究所畢業，找到一份堪稱穩定的工作，即便我的薪水對你來說不算什麼，但至少不再讓你有後顧之憂。」

　　「我以為、我以為，我們還是持續在向同樣的夢想……沒想到，原來早就走散了。」

說到這邊，我視線看出去已一片模糊，而她也蹲坐在地上，泣不成聲。

　　王子公主的美好結局，終究很難在現實生活上演，更何況是我這種，親手摧毀自己建立的王國的人。

　　接下來好一段時間，我彷彿行屍走肉，雖然靠著過去努力的成果支撐，公司短期營運沒有太大變化，但同事們也已經留意到我的異狀。我察覺到那些議論紛紛，但我沒有力氣去理會。

　　回想起最初創業的動機，除了是因緣巧合被騙之外，更大一部分是希望讓我愛的人能夠以我為榮；而現在，最初的目標已經不在了，我又該為了什麼去打拚呢？

　　就這樣渾渾噩噩了將近快三個月，Ben 來找我，他是我的第一個員工。

　　「我猜你應該知道我想跟你說什麼。」Ben 凝視著我，仍然是那樣澄澈的眼神，我卻已經覺得好陌生。

　　「要走？」

　　Ben 點點頭說：「你別誤會，沒人找我，我也還沒找好下一份工作；可能先回雲林幫我媽，順便休息一陣子。」

　　「不等領完年終再走？」我感覺不出自己臉上是什麼表情。

　　「你照顧好自己，即便未來不一起工作了，也還是兄弟。」Ben 搖搖頭。

臨走前 Ben 欲言又止，最後彷彿下定決心說：「希望你不要忘記，你來交大找我時，在樹下說的那一番話。」

　　Ben 走了，但那番話卻還在我腦海中迴盪。

　　「給我一個理由，讓我放棄聯發科的 offer，跟你一起創業。」當時正準備畢業的 Ben，因為身體因素免服兵役，已經面試到聯發科最後一關。據說，像 Ben 這樣的交大電子所的畢業生，從來是他挑工作，而不是工作面試他。我們都很清楚 Ben 在就業市場的行情有多好，所以，我決定實話實說。

　　「如果選擇進聯發科，你有光明燦爛的未來，幾年內年薪保底五百萬，還有良好的社會地位，小圓的爸媽也會以你為榮。」

　　小圓是 Ben 的女友，兩人從大一就交往到碩二，畢業後如果雙雙進竹科，假以時日必然成為年收入破千萬的家庭。

　　「但如果選擇跟我創業，不只年薪 500 萬飛了，也會被別人質疑『到底在做什麼？是不是詐騙集團？』別說你未來的岳父岳母，你祖宗八代地底下都睡不太安穩。」

　　「以上我聽起來都不是跟你一起創業的理由，反而比較像是拒絕你的原因？」Ben 挑眉。

　　我聳聳肩。「我只是實話實說。但同時，我也希望你站在我的角度試著思考一個問題：「我也是 X 大畢業，那你想

想，我為什麼要選擇這條路？」我反把問題丟給 Ben。

「你腦袋破洞？」

「欸你們理工男是不是不會聊天？」

「那是為什麼？」

「因為如果總是以自己的風險作為抉擇時的唯一考量，有些事，就永遠不會有人去做。」我直直看著 Ben，「但我想做一些事，是真正可以改變這個世界的。」

Ben 後來告訴我說，他其實並沒有被我說服；但我眼神中所散發的光，讓他想要賭一賭。

原來我喪失的，不只是感情裡的忠誠，還有創業時的熱情與理想。我想要成功，卻誤以為成功的唯一衡量標準就是賺錢；而我賺到了錢，卻失去了錢以外的一切。原來錢不只買不到快樂，還可以讓人把一切都輸個乾乾淨淨。

我隔天起了大早，把鬍子刮了，襯衫燙平，打上領帶，換上我在重要場合才會拿出來穿的重要西裝，召集了當時所有的重要幹部。

「一年後，我將會退出這間公司。」我平靜地宣告，然後理性地接隨之而來的各種反應。

「那公司之後誰負責？」

「沒有誰負責，我已經決定將股權釋出，請大家討論一下如何分配。」

「退出的股份怎麼算錢？」

「我沒有要賺同事的錢。當初資本額是多少，就用多少買下來；不夠錢的慢慢再付給我也可以，唯一重要的是：客戶的服務不能中斷。」

「我們還可以留在這間公司嗎？」

「當然可以，我們的營運模式已經穩定了，我也會整理過去三年多來我對產品、市場及客戶的經驗及心得，作為員工手冊，大家有問題也可以隨時聯繫我。」

「那你退出之後，打算去做什麼？」

「我打算去大公司磨練，重新從基層做起。」

國際之男碎碎念

急流勇退有時候並不是那麼難，特別是如果你已經自覺快要溺斃的時刻⋯⋯

台北外商銀行升職記

TAIPEI

面試到最後，差點進入房仲業

連續碰壁之後，轉機出現？！

　　沒開玩笑，我真的就開始面試。

　　在準備履歷的時候，我其實面臨兩個選擇：一個作法是揭露我曾經創業，另一個則是隱藏我創業的那段經歷。反正我創業的同時也在念研究所，因此只要我不說我曾創業，就時間軸上來說，是沒有破綻的。

　　不只一位有在金融業工作經驗的前輩，非常好心的告訴我，「能不提有創業的事，就不要提。」特別是在銀行工作的前輩們，還會加重語氣地說：「銀行是非常傳統、非常保守的地方，不會喜歡那種太過於有主見的員工啦！」

　　但我最後還是選擇坦白，原因很簡單：我願意退出自己創立的公司，重新回到一般的職場，除了學習，也希望可以好好發展自己的職涯。

　　既是如此，我就希望未來的同事及主管，可以認識最真實的我。創業的那段經歷，已經成為我的一部分，已經化作

我的血肉，是無法跟我這個人的存在切割來看。

如此「天真」而充滿理想的做法，換來的結果就是，我被現實狠狠按在地板上摩擦。

三個月過去，我總計面試了不下十間銀行，最後都不了了之，其中特別的是：只要是外商銀行，我基本上都可以面試到最後一關；但如果是台資銀行，要不是履歷石沉大海，就是在第一關跟 HR 面談的時候，我就直接被刷掉。

我印象最深的一次，是在與某大金控的 HR 面談時，我先等了對方 HR 大約十五分鐘，然後一名頭髮挑染成綠色、臉色蒼白的瘦削男子走了進來，一開口就氣若游絲地說：「可以說說看，你為什麼想來我們公司面試嗎？」

對談過程中，我無法控制地一直盯著對方頂上那撮綠毛，一邊回答問題，一邊困惑著：「如果我還是老闆的時候，這個人頭髮這樣……我真的無法錄用他欸……可是現在，竟然是他在面試我？」

被綠毛小子面試不打緊，但最讓人喪氣的是，我最終還是被綠毛小子刷掉了。

我氣沖沖地把這件事告訴強納森，卻換來一陣狂笑。

「大老闆，現在知道面試有多難了吧！」強納森舉起啤酒杯，問題是我一點也不想跟他乾杯。

「面試真的好難喔，原來大家都是這樣過來的啊！」

「對啊，現在知道那些之前被你面試的人的心情了吧！」真的很靠杯，不安慰人就算了，是也不用急著提醒我自己的罪孽深重吧！

「那你下一間面試是什麼公司？」強納森問。

「我看看喔，永慶房屋。」

「蛤？」強納森的雞肉串直接掉在地板上。

而另一個也快掉到地板的，是我面前這位永慶房屋的主管的下巴。

「你、為什麼想來做房仲啊？」這大概是自從我坐下來以後，這位主管第七次問同一個問題了。

「我覺得我可以試看看啊。」坦白說，這不是假話，因為我也沒接觸過金融業以外的任何工作，甚至自己當老闆的時間比當員工的時間還要長。這麼說也許有點奇怪，但至少就員工的角度來說，我勉強還可以算是「白紙一張」，所以我真心覺得我可以嘗試看看各種工作。

但就另一個角度而言，我覺得當時可能連我自己也還沒明白的是：所謂的「可以試試」，可能反映出我當時找工作找得有多困難。當然不是說做房仲有什麼不好，但就連面試我的人都存在無法理解的訝異，可見我也許已經求職求到慌不擇路了。

這一切沒有逃過我老爹的法眼。

最初我決定創業的時候，老爸是反對的，他認為不應該

在研究所還沒畢業、甚至都還沒當兵的前提下就貿然選擇創業；但對當時的我來說，想趁著還年輕沒有家累的時候闖蕩一下的心，根本聽不進老爸的勸阻。為此，我們甚至有過幾次激烈的衝突。

在那之後，我們之間的關係就變得有些尷尬，他也不再多過問我工作的事。直到某次他回台灣時，我到機場接他，畢竟機場到家快一小時路程，總是要想辦法尬聊些什麼。正當我仍在搜索話題時，老爸先開了口：

「我有一個打球的朋友，有認識的人在某個外商銀行當主管，說他們最近剛好有缺人，你要不要去面試看看。」

我可以對天發誓，如果這是發生在我求職期的第一個月，我一定秒回：「不用！謝謝！」

不只是我最討厭裙帶關係，我也不想要透過認識的人「空降」，不論之後進入職場，其他人表現是特別親熱或厭惡，都會讓我覺得不自在。

但只能說我老爹真是太懂他兒子了。他先讓我自己去撞得頭破血流，然後再遞出橄欖枝，讓我面對眼前「可能可以不用再繼續當面試浪人」的誘惑，不得不心動。

「好啊，就去談談吧。」看來不只五斗米可以折腰，面試一直被打槍也行。

「反正人家是大公司，會有相應的制度，你就去談看看吧！不行的話，人家也不會勉強用你。」老爹彷彿看出我的

疑慮，補了這一句。

唉，去就去吧！大不了就是第十七八次的被打槍囉！

沒想到，這次面試不但超過四小時，更可能是決定我未來十年職涯最重要的一場面試。

進到這間公司，規模比我想的要再「迷你」一些，也可能是之前去過太多金碧輝煌的金控總部面試了，進到這麼「平易近人」的辦公室，多少還是有點失落。

「唉算了吧，人家也不見得要用我，還挑呢！」

但從分行門口走進迴廊，到進入會議室，我發現這間公司從裝潢到桌椅擺設，都顯得簡練而整潔，這讓我不禁對這間外商銀行的好感增加不少。回想起創業初期，我在設計辦公室裝潢時，曾聘請過一位風水師父所說的話：「最好的風水，就是整潔清爽的環境。」看起來果真如此！

HR 親切地問我要水還是咖啡，放下杯子後略帶深意地微笑退出會議室。隔不久，一位氣質高雅的女性走進來。

「您好，我是韓總，你也可以叫我 Jessica。」韓總伸出手，我忙不迭地回握，還在疑惑的時候，韓總開口補充：「我就是這間銀行台灣區的總經理，是你爸爸的球友。」

挖咧靠邀，這臭老爹……什麼叫「有認識的人在某個外商銀行當主管」，根本是大老闆好嗎！

韓總比想像中更親切，但每當丟出一個問題時，隱隱可

見銳利眼神下的寒光，這讓我直覺「這個主管不簡單」，腦袋也高速運轉著，思考每個問題該怎麼作答。

不知不覺就聊了一個多小時，韓總最後看著我輕聲說：「我不否定你過去創業時期的經歷，但過去的已經過去了，對現在的你來說，最重要的是要好好打下基礎，但過程也許很辛苦。你可以嗎？」

「只要能有這個機會，我一定好好把握！」我毫不猶豫的回答。

韓總聽完一笑，接著翩翩起身，「我後面還有會議，我讓未來你的主管跟你聊，好嗎？」

我當然說好，但更讓人振奮的是我所聽到的弦外之音，「未來你的主管」，難不成真的有戲？

幾分鐘後進門的霸氣男子，瞬間當頭潑了我一盆冷水。

「我是李副總，也可以叫我 Jamie，我們開始吧！」

正當我還在犯嘀咕「怎麼這間公司的人英文都是 J 開頭」的時候，副總銳利如刀的問題蜂擁而至。

「為什麼念研究所的時候就選擇創業」、「創業這麼多，為什麼選擇這個題目？」、「你一個商科學生，用什麼理論基礎建財務模型？」、「那些資工背景學生為什麼要聽你的？」、「客戶呢？你一個學生，憑什麼客戶要相信你的財務模型強過花旗匯豐這些大行？」、「公司結束？你的股權怎麼處

理？」、「出售？你怎麼訂價？我是原本股東，為什麼不自己另外開一間？」

不得不說，這些問題雖然直接而不留情面，但也全都問到痛點上，我只能勉力回答，到最後已經有點左支右絀。正當我感覺越回對方臉色越冷淡、我內心越絕望的時候，忽然腦中一閃而過剛才 HR 略帶深意的微笑——難道這就是面試時所謂「黑臉白臉」的角色扮演？

算了吧！本來無一物，哪有所謂成功失敗！大不了就下禮拜開始努力帶看房子當房仲！我心一橫，對李副總的問題更毫無保留地回答，甚至某些回答不上的問題，我就直接承認：「您說的對！當時是我想得太淺了！」

李副總長嘆一口氣說：「你想得淺、性格又衝動，創業搞了一大圈最後研究所學歷也沒拿到。給我一個雇用你的理由吧？」

我腦中頓時浮現 Ben 的臉。怎麼全世界的人都在跟我要「一個理由」？

腦力瀕臨被耗盡的極限，我下意識想到什麼說什麼。

「我想得不夠深遠，所以這次會在有制度的公司體制下好好沉潛磨練；我性格衝動，但在面對危機與事件時不會閃躲；雖然我沒拿到碩士學歷，但這三年的創業經歷，對我而言，是無價的真實 MBA 課程。我所學到的，遠比任何一張文憑所能承載的實務經驗要更多！」

李副總從進門後，臉上第一次泛出微笑。

「嗯，我問得差不多了！」狂風暴雨般的問題驟然而止，我反而有點措手不及。低頭一看手錶，竟已過了兩個半小時——我這場面試總共談了快要四個小時！

　　正當我全身乏力癱倒在椅子上時，HR 敲門進來，「我知道你談得很累，不過可以再耽擱你三十分鐘嗎？這樣下次就不用再跑一趟了……」

　　「什麼意思？」我腦袋還陷在剛剛被副總將死的問題迷陣裡，一時無法意會 HR 在說什麼。下次？再跑一趟？

　　「喔我的意思是，我可以先把雇用條件跟你說清楚，後續的薪資及公司福利等，你可以再等我的 email……」

國際之男碎碎念

不得不説，「靠爸」雖可恥，但也許真的很有用呢！

從大老闆到小助理
人家拿中秋禮金，我啃月餅

　　就這樣，我開始了在外商銀行的工作。但其實在錄取後，還有兩個小插曲。

　　第一個插曲是：在與 HR 面談之後，我才知道這是一個約聘（Contractor）的職位。「因為目前總行還沒有開缺喔，所以我們只好先以約聘的方式雇用你。」HR 這麼說，「約聘期間是六個月，到期之後是有可能可以轉正職，不過也不是百分百確定。」

　　當下我其實沒特別感覺，畢竟找工作找了這麼久，有公司願意錄取我就不錯了。我把這件事情告訴了強納森，沒想到他大傻眼。

　　「你知道約聘是怎麼一回事嗎？」

　　「契約工？」好吧，其實我真的不知道。

　　強納森搖了搖頭，「算了，等你去上班之後就會明白了

吧，大老闆！」

第二個插曲則是：在我要就職（on board）的前三天，收到另一間外商銀行的錄取信。不但是正職的工作，辦公室在信義區，就連月薪也比這間更高了一萬五千元。

我又把這件事告訴了強納森。

「那還有什麼好猶豫的，去薪水高的啊！」

「但是那個職位我其實沒有很喜歡，跟之前創業時做的感覺差不多。」

「哇咧！原來地球上真的存在不看薪水挑工作的人啊！」

「……你從剛剛開始，講話就一直很嗆喔！」

「好啦好啦！你就去追求夢想跟希望吧！大老闆！」

「……信不信我未來要是有機會出書的話，就要公告天下你去蘭桂坊跟妹子喇舌的事！」

但坦白說，我內心不是沒有一絲猶豫。

更大的公司品牌，更高的薪水，更穩定的職位，為什麼我不選擇看似更好的工作機會呢？

還有一點讓我略有動搖是，我當時有了新的女友。

她叫 Claire，是在我準備結束公司的那段時期，默默陪在我身邊的女性友人，她陪著我度過了人生的低谷，包含結束掉公司時的低潮，以及面試撞牆期的沮喪。而當我還在面

試撞牆期時，Claire 已經在花旗銀行任職了，工作表現也頗得主管賞識。如果我想成家立業，更高薪的工作，代表的應該是更快進入人生下個階段的途徑吧！

「妳也覺得我應該選擇更高薪的工作嗎？」晚餐後散步回家時，經過一個小公園，我拉著她坐在一棵大榕樹下，這樣問她。

她沉默了很久，「但是另一邊的工作是你更想做的，對嗎？」

「對。」

「那個薪水雖然很低，但你養活你自己還可以嗎？」

「勉強可以。」

「房租照樣一人一半？」

「這沒問題！」

「那就去上班吧！」她笑著捏捏我的臉，「恭喜成為上班族。」

就這樣，我一腳踏入了外商銀行的企業金融（Corporate Banking）領域。

我的職位是客戶經理助理，英文稱為 Assistant of Relationship Manager，在企金的領域裡泛稱為 ARM。

ARM 幾乎是這個領域的最底層，而這包含了兩層意義：在工作技術上，ARM 屬於最基層的學徒，很多知識或

技能要透過客戶經理（RM）手把手地教，才能逐漸體會工作上的訣竅。而在工作內容裡，也是最基層的助理，從撰寫授信報告（Credit Proposal）到幫 RM 訂會議室等雜事，都必須由 ARM 一手包辦。

因此可以說，所有身為 ARM 的人，百分之九十九都是為了有天能成為 RM 而努力。因為在企金的領域，只有成為 RM，才被視為一個能獨當一面的個體；若還停留在 ARM 階段，則永遠只是附屬在組織底下的助理角色。

ARM 之中，又會因為隸屬的業務單位不同，而有工作內容上的區別。負責大型企業的，我們一般稱為「大企（Jumbo）」部門；企業規模較小的，則稱為「中小企（SME）」部門；另外還有專門負責國外的，我們稱為「國際業務（OBU）」部門。

我所待的單位，是類似 OBU 及 Jumbo 部門的混合，亦及同時負責台灣的大型企業及海外案件，但又跟傳統銀行編制有些不太一樣的是，所處理的案件中，有超過百分之八十是與併購（M&A）相關的。

這也是為什麼我的單位橫跨 OBU 及 Jumbo 的主要原因：不論是海外的企業併購海外的企業、台灣的企業併購海外的企業，還是海外的企業併購台灣的企業，都會由我的單位來負責評估案件。

而有能力發動併購的公司，一般是屬於具一定規模的企

業，因此我們平時也必須跟大型企業維持密切互動，甚至與國際級的私募基金也有所往來，這樣若是有併購案發生時，我們才可以第一時間掌握到企業融資的需求。

對一般人來說，企業併購就是「把別人公司買下來」。這樣的理解當然不能說有錯，但購買過程遠比買車買房要複雜許多。不過企業併購與買車買房這兩個行為之間，存在一個共通點，那就是：企業也會為了併購，而去向銀行申請貸款。而我的工作內容，就是評估是否該讓我的銀行掏錢，支持這項企業併購案。

舉例來說，**轟**動一時的美商公司美光（Micron）併購華亞科案，但在這超過新台幣一千三百億的大型併購案中，使用的錢卻不全是美光公司口袋裡的現金，而有很大一部分是來自銀行團的融資。

所以對於銀行來說，參與收購案——也就是把錢借給主導併購的公司（Acquirer）——會需要更複雜的案件評估流程，也因此會獲得比給一般公司融資更高的利息與手續費收入。這也是為什麼，有些銀行會成立專責併購的部門。

打從開始工作的第一天，我就被這樣的工作內容深深吸引了。

「為什麼 A 公司會看上 B 公司並且展開併購呢？」、「為什麼 C 公司創辦人會願意把自己苦心經營的企業賣給其他人呢？」、「為什麼收購總價會訂這個金額呢？」、「D 基金收

購 E 公司之後，是打算讓 E 公司上市，還是隔幾年後再賣給其他私募基金呢？」、「F 及 G 公司合併之後，將要變成業界最大的龍頭廠商，會對這個產業造成什麼樣的變化呢？」

有好多好多商業相關的問題，出現在我的眼前，等待我去挖掘答案。而曾經身為創業者的身分，也讓我不斷去思索併購與被併購之間的攻防策略；甚至即便結案以後，我還是會持續關注該併購案後續幾年的發展。

但當然，一份工作有快樂的地方，就也有不是那麼讓人感興趣的部分。如前面所提到的，ARM 畢竟是最基層的職位，有些如同一般公司助理的工作內容，也必須交由 ARM 去完成。像是幫 RM 列印文件、幫客戶提款匯款、定存單到期了詢問客戶如何處理，甚至偶爾有客戶來訪時負責泡茶端水等，也都是由我來做。而前面提到的「約聘」身分，就讓人更心寒了。

一直到上班第一天簽文件的時候我才知道：就法律上的角度來說，我不是受雇於這間外商銀行，而是隸屬於某某人力仲介顧問公司的員工。銀行甚至要我簽下很明確的聲明書，表示我清楚知道「我，某某某，是被某某人力仲介顧問公司派來本銀行工作，但並非本銀行之員工」。

這不但表示，我無法享有這間外商銀行員工所有的福利及權益，而且發薪水給我的甚至不是這間銀行，而是那個某

某人力顧問公司。我是在七月底到職，因此很快地迎來成為上班族後的第一個連假：中秋假期。

在同事們都歡欣鼓舞地分享連假要去哪裡遊玩的時候，HR 笑咪咪地走到我所屬單位的辦公區，手上捧著一疊紅包，「祝大家中秋連假愉快！」

「現在還有人在發實體紅包嗎？真是有儀式感啊！」看著那一疊疊頗為厚實的紅包袋，我不禁這樣想，並雀躍著。

而就在我與 HR 眼神交會的時候，HR 臉上的燦笑，頓時多了幾分尷尬。

「不好意思，這裡面沒有你的，好像是某某人力顧問公司會另外發給你……」

這時我聽到櫃台姐姐朝著我的座位區大喊，「那個誰誰誰，有你的包裹，好像是某某人力顧問公司寄來的月餅……」

國際之男碎碎念

> 結果那盒月餅我始終沒吃完，但當天晚上咬下去第一口的滋味，仍點滴在心頭……

很可能是銀行史上最快的升遷

半年，從ARM升RM

約聘 ARM 的日子，雖然過得「清貧」，但卻十分充實。

一來是工作內容，我有了更「實在」的工作內容可以與客戶及內部人員溝通，而不再只是為了客戶的「感覺」及「信任」必須一味討好，最終一個案子能不能做得成，最主要是基於客觀事實及商業判斷，而非客戶對我的喜好。

更重要的是工作環境，有太多可以讓我學習的細節。

因為創業過，讓我深深體會營運一間公司是多麼不容易，也因此，對一般基層員工來說繁瑣的管理細節，對我而言都是彌足珍貴的學習體驗。

舉例來說，要列印文件的時候，必須去印表機刷公司的識別卡，但有時候忙昏頭了，大老遠走到列印室才發現識別卡忘了帶在身上，又必須走回座位上重新拿回識別卡。

「根本就是擾民。」不只一位 ARM 這麼說過。

但其實，公司設計這樣的制度有其道理。

第一是成本控管。需要刷識別卡才能夠列印，會讓列印文件的人或多或少懷有較強的「這是我印的文件」的意識，或者是「我印的文件會被統計」的潛在責任感（雖然最終我知道根本沒人在計算）。這會導致每個人在列印文件的時候會更加謹慎，減少錯誤列印的機率。

當然，你可以說，「一張紙是會差多少錢？」但對於一間擁有數百間分行的跨國銀行來說，聚沙成塔的成本還是很可觀的。

假設每天可以減少新台幣十元的列印錯誤，一年兩百四十個工作天就是兩千四百元的成本，兩百間分行就是新台幣約四十八萬的費用。如果在公司的日常營運中，還有其他九項類似這樣的細微費用被浪費，一整年下來就是四百八十萬新台幣的成本耗損。

這四百八十萬說多不多，還是可以用在行銷品牌、文書用品購買甚至購置禮物給客戶。就算是辦公室同事訂下午茶同樂，也比白白浪費要來得強。

第二則是在提升效率。我發現在我以前創業的公司，因為欠缺這樣刷卡辦識的系統，同事們常常會列印了文件之後久久才去拿，結果要不就是找不到，不然就是沉在一片茫茫紙海之中。

但若有刷卡機制，因為必須走到印表機刷了卡後才開始

列印，因此每個同事都是重複「走到印表機、刷卡、列印、拿文件走人」這樣的流程。既不會造成一堆紙亂糟糟堆在印表機的景象，拿取文件也更有效率。

而很快地，我也發現：像我這樣會站在「如何管理一間公司」的角度思考的人是極少數。更多人是基於自身的利益或喜好，去應對公司的管理措施。

如果這個管理方法是對自己有利，那就認為「這是好的」；如果造成了自己的麻煩，又或是對自己沒好處、但又便宜了其他人，則會評斷這個措施「有問題」、「是不公平的」。

我的「異於常人」，也表現在工作表現上。

面試我的 Jamie 副總，也是我所在的部門的主管。他要求部門裡每個人，不論是 RM 或 ARM，平時除了必須追蹤既有客戶的相關新聞以外，還必須密切掌握商業時事及財金市場動態。

「只了解客戶公司而忽略總經動態是不夠的。你去買二手車的時候，會只在意方向盤而不看整台車的烤漆狀況嗎？」

因此，Jamie 要求我們部門的三位 ARM，每週必須有一個人輪值，為整個部門的人掃描《經濟日報》及《工商時報》的重要新聞。

「怎樣叫做重要呢？」另一位 ARM Chris 發問。

「你覺得重要的就叫重要。」Jamie 這樣說，標準的外商式回答。

因為 Jamie 要求每天早上八點半，報紙的掃描檔案必須已經儲存好放在公用資料夾，所以當週的「值日生」，大概需要提早至七點半到公司，把報紙讀過一遍、掃描並存檔，才來得及在八點半前完成讀報的任務。

「下禮拜又輪到我了，好累喔……」Chris 不只一次這樣抱怨，我在旁邊只能陪著傻笑。

某次早上週會，Jamie 忽然間對 ARM 們拋出問題：「讀報到現在，你們覺得有什麼感覺？Chris 你說！」

「我覺得很好啊，從中學到很多。」Chris 一臉言不由衷。

Jamie 把眼光看向我，我把過去一個月含在喉嚨的話傾洩而出。

「報告副總，我覺得只讀報是不夠的。」

「嗯？」Jamie 挑眉，我這才發現原來他有只挑單邊眉毛的這項才華。

「新聞雖然可以讓我們跟上時事，但對總體經濟乃至金融市場，還是無法一窺全貌。我認為每週一早上最好能增加總經數據的彙整，並且對近期市場上的併購新聞做一個整理。」

「喔，不錯！」Jamie 的右眉高度已經快要貼到他的髮際線了，「但⋯⋯」

我知道他在顧慮什麼 —— 我目不斜視都可以感受到 Chris 想把我殺死的視線。

「報告副總！因為大家平日業務繁忙，我又最菜，所以這個任務可以由我來負責！」

就這樣，我不但實質回應了主管的需求，甚至還逆向加碼，讓自己的工作量加重。

後續的每個週日晚上，我都在「悔不當初」地陷在寫作業的水深火熱之中，甚至有好幾次必須捨棄約會，在電腦前面蒐集數據，並用我的破英文寫下大約一頁 A4 的總經報告。

但也因為這份堅持，讓我更快地抓住對金融市場的感覺，特別是在金融海嘯後市場仍然高度動盪的那幾年，我們因為對總經數據持續追蹤，避開了幾個後續讓其他銀行深陷泥沼的收購案。

類似這樣的事情還有許多，「就那個會沒事自己找事做的約聘」這個名號也不脛而走，但對我來說，若不能這樣精實的學習成長，我當初又何必放掉自己創立的公司呢？

一轉眼，約聘的六個月期限將至。

某天，總經理 Jessica 把我叫進她的辦公室。

「怎麼樣？都還待得習慣嗎？」Jessica 笑咪咪地問我，反而更讓我內心忐忑，「這麼親切，該不會是要告訴我『習慣就好……那我們再繼續約聘六個月吧！』」

但我仍然坦白地說出我的各種想法與體會。我說了蠻長時間，Jessica 只是靜靜地聽我說，偶爾給一些自己的意見。

等我都說完後，Jessica 端起手上的骨瓷茶杯，優雅地啜飲一口，問我：「怎麼樣？敢不敢上來試試看當 RM？」

「蛤？」這劇情的發展完全在我意料之外，「但、我還不是你們公司的員工欸！」

入行快半年，我第一次聽到超級爽朗的笑聲，來自總經理本人。

國際之男碎碎念

只要有實力，就一定會被看見！反之，若實力不足，即便偶然獲得機會，也可能僅如流星般快速墜落……

正式成為一位「銀行家」
忙碌，卻快樂並充實

　　一位企金 RM 的養成，少說兩至三年，長的話五至七年都有。也就是說，要從 ARM 晉升為 RM，不但有層層考核，還必須搭配「天時地利人和」。

　　先說天時。之所以會需要至少兩至三年，是因為企金的工作相對於消金──也就是對應一般個人客戶的消費金融（Consumer Banking）──來說，較為複雜，也更多需要注意的環節。

　　這應該不難理解。就以理財規劃來說，要幫一間公司打理財務，肯定比幫一個人理財要更複雜，相關經驗也需要更深厚；反面來說，最低限度是要這位銀行員的理財規劃能「不出亂子」，企金 RM 的歷練時間確實要比消金 RM 更久一些。

　　何況「企金」只是一個非常概略的分類。同樣是替企業打理財務，幫巷口五金行理財，跟協助鴻海、台積電做財務

管理，複雜程度也是天壤之別。換句話說，中小企部門的RM養成，與「大企」部門的RM養成時間，也可能差到數年之別。

以我所處的大企部門為例，在我晉升之前，曾經聽聞過在其他銀行最快的ARM晉升RM速度，也不過就兩年，而且那還是儲備幹部（MA）中百裡挑一的超級菁英。

所以不到半年，就被總經理問是否有意願升為RM，大概就是江湖上傳聞的「搭噴射機」的晉升速度。

我不知道其他人在面對這種超破格晉升的時候，是什麼反應。是欣喜若狂？還是覺得惶恐？會立刻跳起來說「沒問題！我來我來！」還是會暗自懷疑「我自己真的準備好了嗎？」

上述的任何一種反應，都不在我當下的思考範圍內。

曾經身為一位創業者的經歷，讓我很自然地切到老闆的思考模式，「如果我要升一個人，是基於什麼理由？會有什麼考量？」

Jessica看我陷入沉思，很親切地說：「不急，你回去想想後，再回覆我。」

回到座位上，我打開電腦的Powerpoint，開始製作一份分析我自己的競爭優勢的投影片。

現在升RM，我與行內其他RM相比，有哪些競爭優

勢？又存在哪些不足的地方？不足的地方我計畫如何去補強？預計在多久的時間內跟上其他 RM 的水準？

我甚至很「奸詐」地列出我可能需要哪些「支援」與「資源」，但我所做的一切，都是為了告訴 Jessica：「我不是見獵心喜地看到晉升機會就猛搖尾巴，而是冷靜地站在第三者角度，分析晉升我的利弊得失」。

即便我相信關於我的這次破格晉升，乍看雖然是很大膽的人事布局，但其實都是 Jessica 以及 Jamie 思考並討論過的。我還是必須這樣做。因為我必須讓他們更放心，放心他們今天所做的決定，至少在當下看來還算是正確的。

這也是我在創業過程中所學習到最重要的一件事：其實所有的決策，都是在賭一把。而要讓主管願意為你賭一把，你必須足夠值得。

我把投影片寄給 Jessica。隔了一天，她再次把我叫進她的辦公室。看到她臉上的笑意，我猜我的回覆應該令她足夠滿意。

「那這件事就這樣定了喔！」

一週後，人事令發布。我正式成為這間公司的員工，也正式從 ARM 晉升為 RM。

晉升後的最大的感覺是：我成為了一個獨立的個體。

也許每間銀行的文化不大相同。但是在我當時所任職的

外商銀行，公司是非常尊重 RM 的。即便與主管甚至總經理有不同的意見，也可以直接表達（當然，還是必須維持禮貌），而主管們也會尊重你的意見。

而且我也獲得了直接與客戶建立聯繫的機會，而不是附屬在 RM 底下、只能處理類似「喔喔，今天預計匯出三千萬嗎？那請問匯款帳號是？」之類的事務性工作。

我甚至可以直接與對方公司的財務長對話，從中學習到一間上市櫃等級的公司，是怎麼做資金調度、又是怎麼規劃未來三至五年的資本支出。這不是因為我有多優秀或這些公司的高層主管多信任我，而是因為我代表的金融機構，扮演著提供企業資金的重要角色，因此這些業界前輩願意竭誠與我對談。

我深深感受到這份工作的迷人之處。

某次，在與 Jamie 一起拜訪某台灣老牌食品大廠的董事長後，在回程車上，我跟他分享我上述的心得。

他笑著拍拍我，「你現在也是一位銀行家了啊！」

那句話震撼了我很久。

在創業期間，即便我的名片頭銜是老闆，即便我的收入是現在銀行薪水的好幾倍，但這種精神上的充實，以及與業界具有豐富商業涵養的前輩互動所能學習到的機會，是花錢也買不到的。

我甚至自己報名了 CFA（美國特許財務分析師）的考試。

　　CFA 的赫赫威名，即便不是金融業的人，也可能有所耳聞。這是一張由美國 CFA 協會所發起的證照，分成三個等級（L1、L2、L3），除了 L1 以外，L2 及 L3 的考試一年只有一次，換句話說，即便是一次就通過，考完三級也需要兩到三年的時間。

　　取得 CFA 證照後的金融從業人員，只要在當地國家補考法規，就可以取得該國證券分析師的資格；但即便從事的不是證券分析師的工作，只要能在名片印上「CFA」這三個字母，都等於是幫自己的專業能力燙金。

　　CFA 考試的另一個特性是非常昂貴，考一次試要八百多塊美金，等於新台幣兩萬多，而且如果沒有考過的話，下一次報名又要再付兩萬多。曾經聽聞過有金融業的前輩在 L3 卡關了八次，以當年的物價，都夠買一台二手車了。

　　大學及研究所時期都沒有財務專業的我，為了充實自己的專業能力，咬著牙硬是報名了 CFA L1 的考試。從此以後，我白天上班，晚上下了班就搭公車去信義誠品的咖啡店，點一杯咖啡後開始念書，常常一坐就是四、五個小時起跳，直到深夜十二點咖啡店關門的時間，我才回家。

　　甚至偶爾為了趕案子必須加班，即便我已經留在公司寫授信報告寫到晚上九、十點，我也仍舊咬著牙去誠品念個

一、兩小時再回家。到家後幾乎是洗完澡立刻倒頭就睡，睡到不得不起床的時間再硬睜開眼去公司上班。

就這樣，我的 RM 生活忙碌卻快樂著。快樂最大的主因是，我離那個理想中的自己越來越接近。

但在當時，我還沒有料想到，報考 CFA 這件事，會給我未來的職涯帶來巨大的影響。

國際之男碎碎念

很多年輕金融業朋友會想問：「CFA 證照真的有用嗎？」

問題是，人生就不是讓你拿來「用」的啊！

震撼我的外商銀行文化與台港金融差異

所謂的「契約精神」，原來是如此

　　我時常在想，等我有天垂垂老矣的時候回頭看，很有可能會認為，當年我在外商銀行的那短短三年半的時間，是我職涯最重要的一段時期。

　　不僅僅是我在那段時間裡，打下了重要的專業基礎；更重要的是，外商銀行的文化薰陶，形塑了我後來的工作態度，而港資銀行的背景，也讓我見識到了香港金融業的高度。

　　我分別用兩則小故事，來敘說這兩個影響我工作態度既深且遠的元素。

　　第一則小故事，是關於外商銀行怎麼面對「員工犯錯」這件事。

在我成為 RM 之後，接到的第一個由我全權負責的案子，就是一件五千萬美金的大案。在那之前，別說我們這個組，整間銀行最大的客戶，授信量體也不過就四千多萬美金。據前輩 David 的說法，這間銀行過去十年，都沒有過大於五千萬美金的大案。

「那十一年前呢？」我不死心地問。

「你去問土地公啦！我又不是在這間銀行出生！」David 拿起厚厚一疊客戶財報直擊我腦門。

不只是金額大，客戶也是超級大企業。當年在全球前五百大企業（Fortune 500 Global）榜單中，蘋果（Apple）還只能排十幾名，台積電更只有四百多名，而那位企業客戶竟然名列前十名！

（簡直可以算是）史上最大的案子，以及一位超級大客戶，竟然敢交給一個這麼菜的 RM，我真心佩服 Jessica 的心臟有夠大顆！

但既然老闆都交代下來了，我也只能硬著頭皮上，熬了連續好幾個晚上的夜，終於順利把案子做完了！拿到總行的批准後，剩下最重要的工作，就是與銀行的法務及客戶的法務研擬合約。

畢竟是一個這麼大的案子，雖然基本的條件在前期溝通已經確定，但關於合約還是有很多枝枝節節的內容，需要雙方來來回回修改。就這樣，合約從第一版（V1）逐漸修改到

第二十七版（V27）。最終對方法務確認沒其他意見了，請我們就以最後一版印製合約。

直到簽約前一天，我都還在與法務以及 PM（專案經理）核對契約直到晚上，以防有任何契約上的破綻被我們遺漏了。Jamie 要下班前，還特地飄來我的位子前面，「怎麼樣？需要再幫你看一遍嗎？」

「不用不用，副總您老人家先回去歇著吧！」我倒不是逞強，是因為在那之前，Jamie 也已經跟著我一起修改合約十幾回合了，我總不好意思北風北還纏著人家。

隔天早上，我們約在客戶董事下榻的五星級飯店簽約。

天還沒亮我就醒來，頂著熊貓眼提早了半小時抵達飯店。客戶的董事是一位不到四十歲的年輕女士——在這麼大公司做到董事，不到四十歲應該很年輕吧——在飯店預訂了一間包廂，我們在包廂裡面邊用早餐邊談公事。

終於，這位女士啜飲完最後一口咖啡，Jessica 對我眼神示意，我從公事包拿出合約。

年輕女強人表情木然地接過合約，從第一頁開始慢慢翻起，從頭到尾表情都沒有任何變化，直到翻到最後一頁後，她放下合約，淡淡地說：「合約的封面，借款人（Borrower）的名字打錯了。」

她的話語聲很輕，聽在我耳中卻彷彿雷鳴轟響。

我顫抖著手拿出備用的合約，一看到封面借款人的公司名稱，一股冰涼立刻從腳底直竄腦門：「完蛋！真的打錯了！」

　　原來在合約擬定的時候，原本客戶屬意讓一間註冊在愛爾蘭的子公司擔任借款人，並由母公司（就是超級大的那間）擔任連帶保證人（Guarantor）；但在反覆修改合約的過程當中，客戶最終決定要由註冊在香港的子公司擔任借款人。在這個過程中，我們又誤用了之前打算以註冊在愛爾蘭的子公司擔任借款人的那一版，當成我們最終版的封面。

　　就這樣，三個大人看了一個晚上的合約，竟然沒人注意到封面！

　　當下我真的尷尬到說不出話來，沒想到 Jessica 很淡然地回覆對方董事：「沒問題，這我們帶回去修改，改好用完印後再寄給您！」

　　回公司前，Jessica 向我招了招手，示意我跟她一台車。

　　「該不會要叫我東西收一收，準備回家吃自己了吧！」我開始暗自計算現有的存款夠我活幾個月。

　　沒想到，Jessica 只對我說三句話：「每個人都會有盲點，你幫我想個辦法，看如何避免不要再犯這樣的錯。」

　　沒了？這樣就沒了？

　　那次之後，我發現這不只是 Jessica 的人格特質，還包含整間銀行的企業文化，都秉持著一個中心思想：「人就是

會犯錯的，必須要透過制度，減少錯誤發生的可能性。」

我後來雖然沒有再犯這麼低級的錯誤，但工作上難免還是會有一些疏漏；等我變得比較有經驗以後，偶爾也會看到新進的同事犯一些錯。但不論是在什麼情境下犯的錯，公司對於個人的究責都相對較輕，但會去思索制度上是不是有什麼缺陷，不然「為什麼犯錯前都沒人可以先發現」？

這讓我建立了一個影響深遠的觀念：「企業要能長治久安，必須靠制度的完善，而不是要求人避免犯錯。」

第二個故事，是某次一位上市公司客戶發生財務危機，並且面臨可能被證交所勒令下市。這可是天大的事情——究竟是這個問題有多大條，導致必須要下市？

我與台北分行同事第一時間希望能掌握客戶的真實財務狀況，並通報香港總行；但香港總行第一時間卻下令：「立刻調閱當時的借款合約，看看萬一真的必須下市了，是否有觸發合約中的違約事件（Events of Default）；沒有的話，說不定我們還動不了他呢！」

後來我們確實在聯貸合約中看到違約條款的其中一項是「借款人必須維持上市公司地位」，而我們也援引這項條款，在後續漫長的法律攻防中，強力主張借款人若可能觸及違約，必須做好提前清償這筆貸款的準備，以避免導致交叉違約[1]。

最後，我們終於順利收回債權。但整起事件中，最讓我感到震撼的，是香港總行第一時間的反應，不是去了解究竟發生什麼事情，而是要求我們拿出合約，確認銀行與借款人間的契約內容。

　　在事情過去後，我向跟我交情最好的總行同事問了這個積壓在我心頭已久的問題：「難道你們第一時間都不好奇客戶到底怎麼了嗎？」

　　總行同事帶著笑意回答我：「難道你們第一時間都不好奇當時約是怎麼簽的嗎？」

　　這句話讓我重新去思索自己對金融業的理解。

　　金融業的根本在於信任，而現代金融業的信任基礎建立在契約精神，契約精神的體現則在於法令遵循的強度。

　　香港人——特別是金融從業人員——超強的法遵概念，是維護其能成為國際金融中心的根本。但台灣整體的社會文化，導致台灣人這種先天法遵概念遜於香港。

　　當然我並不是說台灣的金融業者就沒有法遵概念。實際上，我自己在台灣金融業工作的朋友們，百分之九十九都有非常好的法遵意識。但我說的差別，在於深入骨血的群體文化。相較於香港人彷彿刻在 DNA 中的法遵意識，台灣金融

1　註釋：交叉違約（Cross Default）： 因為在某借款中違約，導致觸發其他借款也產生違約狀態。

從業人員的法遵意識更像是外加的，是他律的，法律是「最後不得不的處理方式」；但對香港金融從業人員來說，凡事先提法，其他的等權利義務關係搞清楚了再來談。

　　換句話說，台灣人重視的是問題的本質，希望理解哪裡出了問題，並且找到處理的方法；但對香港人來說，所謂的「解決問題」，是在契約關係上達成協議。

　　也許這樣的文化差異並沒有對錯，但是當金額大到一定程度的交易，不論交易的實質內容是什麼，最終能夠保障雙方的，都是回歸到法律層面。香港超強的法遵意識，讓我在未來不論面對什麼樣的誘惑或壓力，都能無所動搖。

國際之男碎碎念

當然不是說台資銀行的法遵意識就不強啦，嗯，但就是……沒香港那麼強！

沽空機構怎麼發現做假的公司

金融專業就是國小程度的加減乘除，加上敏銳無比的財報嗅覺

雖然這樣分類肯定會有偏頗不周延的地方，但如果硬要把金融業做個金字塔式的層級分類的話，進入門檻最低的大概是對個人客戶的消費金融（理專、保險、證券營業員），次低的是企業金融（微型貸款、中小企到俗稱 Jumbo 的上市櫃或跨國企業）。

而盤踞在金字塔頂端傲視著其他金融農民工的，當屬投資銀行、創投及私募基金了。投行如高盛、Morgan Stanley 等，私募基金則有 KKR、凱雷（Carlyle）等巨擘。

但有另一種金融機構，也是在金字塔頂端、但非金融業的人比較陌生的，叫做沽空機構。

「沽空」是港式中文，其實就是指「放空」，但沽空機構跟索羅斯（George Soros）這類靠龐大資金製造股市賣壓、

進而引發股市崩盤的金融大鱷不同，沽空機構主要是透過徹底研究一間公司的財務情況，進而發現該公司舞弊造假的行為，並就研究結果發佈看空的報告，同時靠放空該公司大賺一筆。更具體的比喻：索羅斯等巨頭是靠自己握有的大筆資金影響金融市場，但沽空機構更像金融界的狗仔隊，主要靠「揭弊」來狙擊財報不實的公司。

也正因如此，沽空機構的放空報告需要整體市場的認同（不然只有他放空，股票未必下跌），因此所發佈的研究報告大多直接刊登在網站上任人下載，對想訓練自己解讀財報能力的人來說，閱讀沽空報告是很好的一種練習方式。

在這邊要先討論一下：究竟研究財報——也就是所謂的基本分析——對投資股票有沒有用？

這個問題其實沒有界定得很清楚：什麼叫「有用」？如果「有用」＝「投資獲利」，也就是靠股票發大財，那可能不一定有用。因為百分之九十散戶的投資模式，說穿了就是「擇時」的課題。而擇時很大程度坦白說跟運氣有關。

比方小明認認真真的研究公司財報，結果不巧在台積電股價六百元以上的相對高點買進股票（截至完稿前，台積電股價不到五百五十元），那小明最慘的時候台積電帳面虧損可能高達負百分之三十。

但反過來說，如果老吳（哪位？）因為把私房錢拿去買

鋼彈被老婆發現後大吵了一架，一氣之下跑剩下的錢拿去買台積電，結果剛好買在台積電股價四百元的相對低點（也就是小明慘賠的那一波），那截至本書完稿前，老吳投資台積電的報酬率將高達將近百分之四十。

但你能因此論斷小明研究財報的行為，「沒用」嗎？可是如果單就結果論來說，小明的投資報酬率確實遠遜於老吳，而在外人不清楚情況、僅以片面資訊來推論結果的情況下，久而久之很容易浮現「財報無用」的既定印象。這也就是為什麼，很多市場上的「老前輩」會說「研究財報沒有用啦！」因為財報研究的再透徹，還是一樣要面對擇時的問題。

我從小就非常喜歡閱讀，進入銀行工作後，因為工作的需求，往往需要在兩、三天內把數百頁的財報讀完，但對我來說，不但完全不覺得痛苦，甚至有點樂在其中。加上進入銀行工作之後，開始認真學習財務分析，更發現「解構」財報的樂趣：不只是讓我更加了解標的的公司，同時也更理解商業世界的運作模式。就如同金庸筆下的蕭峰，再普通的一招「太祖長拳」，不同人發出來就有天壤之別；同樣一份財報，丟給不同人解讀，可以看出的「貓膩」也就不同。

這也就是為什麼沽空機構的職位，最基層的分析師也可以值得好幾十甚至百萬港幣的薪水：試想把一支股票從一百

元打到十元、五元甚至下市，背後可以有多巨大的利益。

每當有上市公司被沽空機構狙擊，首先發出哀嚎的當然是股票投資人，其次就是有放款給這間公司的銀行們。但不論投資人或債權人，每每客戶被沽空時，總是會發自心感到疑惑：「為什麼沽空機構看得出來、而我們看不出來？」

講起來很神奇，說穿了其實不值錢──或者應該這麼說：「只要能做到對財務數字的理解，及邏輯分析，你也可以具有沽空機構的水準。」

說起來容易，但其實都是透過大量的實戰經驗，以及日積月累的研究結果，淬鍊出來各種見血封喉的獨門絕技。

舉一個最容易理解、但也非常實用的分析模式：「把公司該年度的利息收入，除以帳上現金（或最近四季帳上現金的平均），得出該公司的存款利率，然後跟同業或營收規模接近的公司做比較」。

這個邏輯是在於：利息收入＝現金 × 利率。而銀行面對差不多等級的客戶，所給的存款利率沒道理差太多。

換句話說，如果 A、B、C、D 四間公司把現金主要存放在相同的國家，B、C、D 公司每年所獲得的利息收入除以公司帳上平均現金餘額，得出的預估存款利率約百分之三，但用同樣的方法計算，A 公司得出的預估存款利率只有不到百分之一，就表示 A 公司帳上現金很可能是虛報的。

就我的印象，沽空機構已經用這招揭發了至少一手以上財報造假的公司了，而被這招打中的公司大部分下場都很慘——你連帳上現金這種一翻兩瞪眼的數字都可以造假了，其他還有什麼可信的？

這道理很難嗎？完全不，就是現金和利息收入，只要會除法或是知道計算機怎麼按除法，都可以算出來。

可是就是有大把大把的投資機構或 banker 被騙，然後損失數以億計的金額，輕一點的承辦人丟烏紗帽，重則可能金融機構整年的獲利都賠光，甚至還倒貼。

所以你說，財報分析有沒有「用」？話雖這麼說但還是八成的人買股票不看財報。

國際之男碎碎念

我在後來的職涯裡，甚至一直到現在，都還是持續接觸許多財務分析能力深湛的大神。在與他們的互動過程中，我理解到財會專業固然必要，但更重要的，是超乎常人的敏銳商業嗅覺！

原來我的工作內容還包括討債?!

處理壞帳,比開發業務更困難

前面提到的,我負責的其中一位企業客戶被香港沽空機構狙擊,因此面臨了即將下市的危機。

在此之前,我多數時間在享受身為一位銀行家的光榮與責任;但當這次沽空事件如晴天霹靂般向我襲來後,才真正讓我體會到身為一位銀行家所需肩負的壓力與無奈。所有的危機看似猝不及防,但實際上卻有蛛絲馬跡可循。

這間被沽空機構狙擊的公司是一間中資企業,從事的是環保相關的領域,公司創辦人是博士背景,公司成立一段時間後就選擇在香港上市,連續幾年的獲利表現都相當亮眼。

何況這間公司的主要客戶,都是中國大城市的政府機構,所以收款來源照理來說應該非常穩定。當初我所處的銀行內部在評估是否該參與這間公司的國際聯貸時,不論是台北或香港總行的風控部門,都沒有提出太多的質疑,我們也

因此順利拿到了授信核准（Credit Approval），而且最終核准的還是一筆不小的金額。

環保、博士、連續獲利、現金流穩定，你還可以想到更美好的情節嗎？誰也沒想到——至少我真的完全沒想到——沽空報告就像晴天霹靂一樣當頭劈下。沽空機構發布發生的當下，不只我們部門，甚至整個辦公室都亂成一團。

當時我還很菜，是一個「光棍」RM，也就是沒有 ARM 擔任我的助理；但因為客戶被狙擊這件事非同小可，Jamie 立刻指派了一個新進的 ARM 特別協助我。

「可是老闆、他才來三天耶……」我不禁哀號，但 Jamie 並不買單。

「還是要我當你助理？」

「不、不、不用了，謝謝你的好意。」

Jamie 前腳剛走，這位新進助理就滑著椅子湊到我旁邊，「學長你好，我叫 Wilson！」

我根本沒空自我介紹。

「可以麻煩你，幫我把這間機構過去三年所發的沽空報告，連同這次的，全都印出來給我好嗎？」

「挖，這麼多，學長你打算包便當嗎？」

Jamie 你回來，我決定還是你來當助理吧！

但 Wilson 毫無羞恥心可言地問：「學長我問你喔，到底沽空報告是什麼？誰又是沽空機構啊？」

其實這個問題倒不算白問的，因為台灣的金融市場並不存在沽空機構，所以即便是資深的金融從業人員，如果沒有涉足香港或美國的資本市場，對沽空機構仍可能非常陌生。

我耐住性子，試圖以最簡單的言語向 Wilson 解釋：「所謂的『沽空』是香港金融業的術語，如果你看好一則投資標的，你會選擇『做多』或是『長倉』（Long Position）；反之，如果你看壞這則標的，你會選擇『沽空』或是『短倉』（Short Position）。」

「沽空報告就是由研究機構出具表示特別看壞某個投資項目的報告，而那個項目多數時候是某一間公司。」

Wilson 此時又露出一臉疑惑：「誰那麼無聊、沒事特別出一份報告看壞人家公司呢？」

「但在資本市場裡，這麼做不但不無聊，還可能短期間創造巨大的財富喔！」

原因很簡單：想像一間公司，當下的股價可能一百塊，這時候沽空機構可以利用自有資金，或是所管理的外部資金，先以一百塊的價格「賣」出該間公司的股票。

然後，再發布擲地有聲的沽空報告，報告內多半會附上沽空機構對這間標的公司認為合理的目標價，配上聳動的標題：「我認為這間公司，真實的價值其實只值十塊錢！」

如果該公司的財報或管理確實存在問題，以資本市場的快速效率反應，以及港股或美股的無漲跌幅限制，可能讓該

公司股價真的在短短幾天內瞬間跌到只剩十元。

這時候，沽空機構再以十元的白菜價，把稍早「賣」出該間公司的股票給「買」回來，就等於暴賺了百分之九十！

而且先「賣」再「買」的模式還存在一個好處，就是賣出時往往可以使用槓桿交易（Margin Trading）。沿用前面所提的例子，要買一張一百塊的股票，必須真金白銀付出一百塊；但賣出一張一百塊的股票，很可能只需要百分之二十到三十的資金。

換句話說，有一百塊本金的人，如果保證金成數是百分之二十，則他可以用買一張股票的本金，一口氣賣出五張股票。前面說的百分之九十報酬，在槓桿操作上，可以瞬間變成百分之四百五十的獲利……

「你給我起床！」我拿起重達五百頁的沽空報告痛打已經聽到眼睛要瞇起來的 Wilson。

「學長，我只剩下最後一個問題……」

「公司午休只能睡半小時！」

「不是啦，我是要問說，」Wilson 打了一個超大哈欠，「有什麼方法可以混進沽空機構上班嗎？掃地也行！」

雖然 Wilson 的白目稍微緩和了辦公室緊繃的氣氛，但事態並沒有跟著好轉。

從那天開始，被狙擊的客戶在香港交易所宣告暫停交

易，我也開始每天照三餐上網查詢公司的股價變動，心裡總盼望著下一次查詢的時候，可以看到公司頁面跳出「恢復交易」的公告。但事與願違，公司的股價圖就如同往生者的心電圖一樣，只剩直線一條。

來自總行的壓力與日俱增，我們從每週提交現狀報告（Status Report），變成只要總行一聲令下，就要立刻補充最新進度的追蹤報告；來自香港及台灣監管單位的稽核壓力，也如同芒刺在背，彷彿時時刻刻要提醒著我們這些參貸銀行：「嗨、笨蛋！你踩到地雷囉！」

更慘的是，我們的新業務也幾乎被迫停擺。Jessica 擺出極少見的後母臉，嚴正要求我們：「在這件事情完結之前，別想拓展新業務！」

我甚至必須與我們香港總行的同仁每天熱線，一來是拜託他多去被狙擊的公司辦公室走動走動，確保對方營運一切如常、沒有發生半夜跑路的情況；二來也是透過他打聽香港其他金融機構對這間公司的動態，擔心會有哪間銀行先跳出來宣告客戶違約，等於推倒了第一塊骨牌。

日子就在這樣提心吊膽的情緒中度過，好像我才是那個欠銀行錢不還的人。

更慘的是：我剛好又碰到家中長輩過世，以及感情出問題的雙重打擊。那時的生活，陷入前所未有的低潮。白天與客戶協商，晚上與女友爭吵，甚至有天斷斷續續地吵到天都

亮了，再紅著雙眼去公司上班。

Wilson 看我一臉憔悴，拍拍我肩膀，遞給我一杯咖啡說：「下次別玩到這麼晚，酒店盡興就好了！」

「你是不是沒有被同事揍過……」我邊罵邊接過咖啡。星巴克，不喝白不喝。

就這樣蠟燭兩頭燒的情況，持續了一個多月，眼看客戶公司如果再不恢復交易，就準備要下市了，我們債權銀行的動作也越演越烈，甚至到最後，我們還會試圖去聯繫客戶的供應商或下游廠商，試圖透過影響客戶的商業關係，逼迫客戶出來面對。

我苦笑著對 Wilson 說：「沒想到，原來我的工作內容，跟討債集團還蠻像的。」

Wilson 又拍拍我的肩，我知道接下來肯定沒好話，「學長你放寬心，至少長相跟討債集團不是很像。」

在某個再普通不過的下午，我收到客戶的來信，信的內容很簡短，卻讓人非常「震驚」：客戶表明公司的百分之百股權要被另一間上市公司收購，收購的金額包含客戶現有的所有金融負債；換句話說，銀行可以收到來自收購方的資金，用來償還客戶在銀行的借款本金及利息。

更白話的說：客戶有錢還銀行了！我安全下莊了！

時至今日，我還是不確定客戶到底發生什麼事，沽空報

告的內容，又有多少真實性、多少是憑空捏造的呢？如果沽空機構是對的，那為什麼還有別的上市公司願意花大錢收購客戶百分之百的股權呢？如果沽空機構是錯的，那為什麼公司會連續在香港股市停牌一個多月、遲遲無法恢復交易？

　　我不明白。截至此刻，這起事件仍有諸多疑點無法釐清。我唯一能確定的是，沽空機構讓客戶連鼻子都沉到泥沼之中後，卻又有另一間上市公司，一手把客戶從泥濘中拯救上岸，也同時把我從水深火熱之中救了起來。

　　確認客戶還款入帳的當下，我只知道，我應該還可以在這間公司繼續工作，以及晚上終於可以好好睡一覺了！

國際之男碎碎念

雖然客戶又不是欠我錢，但是當我協助銀行把錢平安追回來時，心中的成就感，更勝過找回自己的錢！

出差遇到愛

這一次，會不會，能不能，走到最後？

　　結果我錯了。即便「沽空」事件順利落幕，我卻一樣睡不好，甚至睡得更差。

　　原因很簡單，我分手了。

　　Claire 是在我準備結束公司的那段時期，默默陪在我身邊的女性友人，陪著我度過人生最低谷的時期。

　　在那段青黃不接、求職碰壁的日子裡，Claire 的陪伴，給了我很大的鼓舞，讓我感覺自己不是一個人，所以不能擺爛放棄自己。

　　「你未來要好好照顧我！所以認真找工作，好嗎！」當我們在一起以後，Claire 會這樣捧著我的臉，把我的臉擠成一團，帥氣又貼心地這樣威脅我。

　　當我順利找到工作，卻是一個小約聘助理的時候，Claire 會默默地蒐集各種特價券，或是上團購網買團購券，讓我們偶爾還是可以去吃一些高級餐廳。

更重要的是，吃完之後不用結帳——因為團購券已經付掉了——省掉我沒錢買單的尷尬，或是為了硬要買單、必須打腫臉充胖子，結果下個月為了卡費必須捉襟見肘的窘況。

　　「嘻嘻！吃完飯就可以拍拍屁股走人，不覺得很棒嘛！」走出餐廳後，Claire 給我一個大大的燦笑，把我對於「吃軟飯」的最後一絲歉疚，也完全吹散在夜晚的涼風之中。

　　用無微不至的貼心照顧我，這就是 Claire 愛我的方式。也正是因為如此，每當我熬夜加班到快撐不下去，或是苦讀 CFA 到想要放棄的時候，支撐我繼續「撐」下去的很大一部分動力，是希望我可以成為一個可靠的對象，讓 Claire 能夠盡早過上好日子。

　　「總有一天，我會請你吃高級餐廳，不用看菜單價格隨妳點到高興！」我會在加班到深夜回到家後，看著她的睡臉，輕聲對她說。

　　但成人的世界，終究不是童話故事。

　　首先是 Claire 的工作產生了變化。優異的工作表現，讓她受到上司的青睞，工作節奏也變得更快更忙。而我正巧也碰到五千萬美金大案以及沽空事件，兩個住在同個屋簷下的人，互動方式卻變得越來越像室友。

　　生活步調也許只是小事，更大的阻礙來自價值觀的分歧。

Claire 身邊的女性友人開始逐漸步入家庭，結婚生子後洗盡鉛華的生活，雖有甜蜜，但看在外人眼中卻更多是狼狽與犧牲。這也讓 Claire 對走入家庭開始怯步。

　　「如果沒有要結婚，那我們前面那些苦日子又算什麼？」某次的爭吵，以我對 Claire 的大吼結尾。

　　她忽然定定地看著我，一個字一個字，緩慢但堅定地說：「我老闆被挖角去上海，一間當地滿有競爭力的金融機構，問我有沒有興趣也去幫他管底下的業務團隊？」

　　我當下忽然浮現一個預感：她去了，我們也就到此為止。但我怎麼有辦法將「妳不要去」說出口呢？當我什麼都沒有的時候，是她全心支持鼓勵著我，現在她有了一個絕佳的發展機會，我卻要因為我個人的情感因素，扼殺她的未來？

　　去與不去，都是難題。

　　後來的故事，就跟天底下所有遠距離相處的情侶，沒太大區別。

　　我們熱線，甜蜜的時候捧著發燙的手機聽著彼此的聲音入睡；我們冷戰，負氣的時候把對方當成陌生人──而也真的是，因為除了手機，我們不會出現在彼此生活裡。就這樣反覆拉扯，爭吵、冷戰、和好再爭吵，這樣的無限迴圈，唯一的出口，就是彼此放手。

　　分手之後，我消沉了大約一年，中間試圖找強納森出來

買醉。

「欸渣男！我分手了！出來喝酒！」我簡單粗暴地表明來意。

「可是我準備要結婚了欸！」

「你是不是不太會看場合聊天。」而且第一次去蘭桂坊就喇舌的男人，竟然還比我早結婚！

「啊哈哈、而且我要順便當爸囉！」好吧，確實很像強納森的風格，我也只能祝他幸福！

「嘿嘿，不用客氣啦！倒是你可以把你的心意，轉換成實質的紅包數字。」

「收訊不好喔。」我順勢掛上電話。

這一年間，我試過各種療傷的方法。曾自己一個人去京都旅行，或是跟朋友在錢櫃喝到爛醉。但不論哪一種，都沒有讓我真正開心起來。

這一年間，我也嘗試過跟各種不同類型的女生曖昧。從空姐到模特，從金融同業到大學生，但最後只證明了：感情的缺憾，並不是用其他人給予的好感去填補。這中間也有朋友試圖認真幫我介紹對象，但輕鬆聚會的局，我總是遲到早退；近乎相親的認真約會，我頂多禮貌性地出席一次。

「你們不要擔心我啦！難道我還會缺對象嗎？」我總是在朋友面前，故作開朗地這樣說。

「我們不擔心你啊！我們是擔心你再這樣下去，台北市不知道還有多少無知少女要慘遭你毒手……」強納森邊搖晃奶瓶邊吐槽。

這樣飄飄蕩蕩的日子，在某天終於畫下句點。我忽然下定決心，刪光當時曖昧對象的聯繫方式，上網買了慢跑鞋，開始運動、閱讀，重新把生活的焦點，放回自己身上。也就是在「新生活運動」大概持續了兩個月左右，因為工作上的關係，我忽然必須去北京出差一趟。

我走進 Jamie 辦公室，正打算向他確認這次出差的幾項要點，他卻攔住我的話頭，「接下來幾週，工作的事，你都先跟我們 team 最資深的 Harry 討論吧！」

「呃，你、該不會？」我猛然驚覺他在說什麼。

「天下沒有不散的宴席。」Jamie 笑笑，但感覺得出他的笑裡，帶有一股滄桑，「你表現很好，Jessica 也很信任你，你要好好把握。」

我一時無語。

在沽空事件爆發之後，Jessica 與 Jamie 之間的關係，就變得很尖銳。說到底，雖然最終我們銀行全身而退，但這件事情始終需要有人出來「扛」。

我可以理解 Jessica 保護她自己的立場，也可以體會 Jamie 不願屈服的意志，但商場上就是這麼殘酷，有些時候，總要有人人頭落地。

我最後緊緊握了 Jamie 的手，「我真的很感謝你，讓我有機會進入這間公司。」

　　這百分之百是真心話。Jamie 當然不可能知道我差點去做房仲，但若沒有外商銀行這些年來的歷練，我不確定我此刻還在哪裡載浮載沉。

　　我最終只能收拾行囊，準備前往北京出差。

　　臨出發前，忽然有個朋友聯繫我。

　　「嘿，聽說你要去北京？」

　　「喔對啊，公司出差，所以拒絕代購喔！」

　　「代購是不必啦，但你可以幫我帶個東西給 Anne 嗎？」

　　「蛤？ Anne 是哪位？」我腦中一片空白。

　　「就是上次我們在東區聚餐，你遲到一小時那一次！」

　　「嘿嘿、真抱歉，我在東區遲到一小時只是基本配備。」

　　「有人說過你臉皮很厚嗎？」

　　「卡車撞到都會彈到路邊人行道上好嗎？」

　　「就是吃火鍋你後來還有跟人家交換微信啊！」

　　我搜尋了一下微信通訊錄，還真的有一個叫 Anne 的人啊！

　　「欸不是，Anne 是台灣人嗎？」

　　「你不就帶個東西，還需要做身家調查嗎？」

「我先確定是不是台灣人，才能知道跟她聯繫的時候要不要捲舌兒啊！」

「你少三八啦！趕快跟人家約時間，搞不好人家根本不在北京！」

「所以說你到底是欠了人家幾百萬兩銀子，還要我幫忙帶過去……」

「快！去！聯！繫！」朋友最後語帶威脅的掛上電話。

因為我也不知道對方到底記不記得我，所以我最後決定先試圖發微信訊息過去試看看。

「嗨妳好，我是某某某的朋友，我七月七號到七月十二號會到北京出差，她請我帶東西給妳。」

沒想到，很快我就收到回訊。Anne 很明快地跟我約好時間地點，非常有效率。

但北京的交通完全不是我想的那麼回事，我整整遲到了半小時。

「真的很抱歉，路上比我想得更塞車。」我只能尷尬的傻笑。

「至少你進步啦！跟上次吃火鍋遲到一小時比！」

「怎麼全世界的人都記得我吃火鍋遲到一小時！」

「因為沒有人會在只剩油條跟貢丸才跑進來加入吧！」

就這樣，我以為只是代替朋友轉交物品的一個簡單碰面，就在輕鬆交談的氣氛之中持續延長。我和 Anne 上了天

台酒吧暢聊各種大小事，從海外生活的甘苦談，聊到彼此竟然都有在香港金融業的歷練，再聊到對人生的各種想像。最後，就像所有熱戀中男女的必經之路一樣，我們聊到感情。

「那你現在，對感情是怎麼想的呢？」要分開之前，Anne 這樣問我。

「妳明天有其他事嗎？能不能帶我去其他地方繞繞？」我沒正面回答，倒是拋出了另一個訊號——我還想見妳。

聰明如 Anne，瞬間心領神會。

「但我要想想看有哪裡比較適合的喔……」

「適合什麼？」

「我要想約在哪，比較適合等一個肯定會遲到的人啊！」

國際之男碎碎念

所以有時候，不要太準時，或許會更好？

第一次跨國換工作就進入私募基金領域

CFA讀書會帶來的求職效益

　　那五天的出差，我跟 Anne 見了三次面，去掉起飛及降落的頭尾兩天，等於我和 Anne 每天都見面，而且每次見面都聊了兩小時以上，各自回家後還繼續微信熱線到深夜。

　　出差的最後一天，北京下起了據說是百年難得一見的暴雨。當然我們後來知道，所謂的「百年」，很可能在短短十年內連續被刷新好幾次。但至少在當時，景象確實非常怵目驚心，交通道路上的各種「滴滴打船」不說，甚至連地鐵站都淹水淹「滿」到地平面來了。

　　回程前，我看著窗外的雨，拿起飯店附設的紙筆，寫下一封給 Anne 的信，到飯店一樓大廳，請服務員幫我寄出──熱戀中的人就是這麼沒腦子，傾盆大雨誰給你送信啊？

　　但也就是那封信，奠定了後續我跟 Anne 之間的關係。

遠距離戀愛，有辛苦也有甜蜜，但我心中始終揮之不去的陰影，則是 Claire 前往上海後我們的結局。

　　「可是他們差很多吧？我說 Claire 跟 Anne？」強納森邊嚼漢堡邊口齒不清地說。

　　「吞下去再來講話啦！」我直接拿起兩根薯條插他鼻孔，試圖讓他成為台灣歷史上第一個在麥當勞窒息的男子。

　　「那不然就試著換工作看看啊？」強納森用可樂吸管架住我的薯條，我的手懸在半空中停住……

　　「欸你那兩根已經軟掉了，我不吃喔！我說薯條……」

　　「哩北七喔，我在想你說的換工作的事啦！」

　　好像、也許、可能、應該、確實可以來嘗試看看換工作？

　　其實我沒想太多，沒考慮很多利弊得失，我只是覺得以我目前在外商銀行三年多的經歷，跟過去幾年所學到的東西，就算去北京混不出個名堂，或是又被分手了，應該頂多就是再回台灣找份 RM 的工作，不至於到人財兩失吧？

　　「你放心啦！你頂多失財，人沒什麼可以失的啦！」

　　「去死啦！不用吐槽的時候就忽然這麼口齒清晰啦！」我拿起手中的番茄醬砸向強納森那高挺的鼻子。

　　既然念起，就很難不付諸行動。我好像就是這樣的人。

　　但金融業是個高度「均質」的產業，亦即多數同樣的職位，在能力上很難立刻看出區別，換工作並不是那麼容易，更何況是跨海找工作？我上網晃了一圈，從百度、前程無

憂、獵聘到小紅書都看了，還是沒有什麼頭緒。

另一個限縮我找工作的範圍是：我並不想找銀行的工作，我就這樣慢悠悠地搜尋工作，兩週一次的頻率往返台北—北京。每次見面又分離後，總是更加深我換工作的念頭。

就這樣持續了兩個月，某次，我跟 CFA「讀書會」的朋友聊起這件事。美其名「讀書會」，其實我們很少真的在一起念書，就是在 CFA 台灣協會聚會認識後，幾個比較聊得來、年紀也較接近的朋友建了一個 Line 群，定期出來吃飯喝酒抱怨老闆的「舒壓行程」。

「喔喔你要換工作喔！聽說 Simon 之前工作的私募基金有在招人啊！」

聽到其中一位朋友這樣說後，我立刻聯繫 Simon。

能夠順利通過 CFA 三級考試的人，都不是普通的考試機器；而能三級考試都一次就考過的，更是少數中的少數，而 Simom 可說是這種極度稀缺的菁英之中非常耀眼的存在。

研究所畢業後，Simon 進入券商工作，負責協助新創公司上市櫃；做了幾年後，轉身進入 Buy Side，遊走在企業投資部（CVC）及大型私募基金之間，最終去了美國，擔任一間極有可能上市的新創公司財務長。

因為從來沒想過我能走上跟 Simon 重疊的職涯路徑，我小心翼翼地試圖聯繫他，沒想到得到非常正面的回答。

「喔好啊！我幫你聯繫！聽說他們很缺人喔！」

「我也很缺錢，再每兩週台北到北京飛下去，我就要去吃土了。」

「哈哈！那希望他們可以兩週之內跟你聯繫囉！」

沒想到，兩天後對方就打電話來了！

「嗨你好，我是某某私募基金的財務長，聽 Simon 說你想要找北京的投資相關工作？」

我一下有點愣住，怎麼會是財務長聯繫我？

閒聊之下才知道，原來該私募基金因為年度會議的關係，公司八成以上的人都在北京，只有財務長留守在台北，因此由財務長代為聯繫。

「不過高管要下週才回來，我們約下週一面試好嗎？」

因為之前求職太過坎坷的傷痛記憶還沒消退，我連忙說好，結果忘了下週一已經有排定的業務會議時間。

這時候，如果是你，會怎麼做呢？

為了新工作而挪開業務拜訪會議的時間，或是現有的業務工作優先、面試擇期再約？

也許有些人會覺得：「既然都打定主意要換工作了，不如就以面試為重吧！」我也可以理解這樣的排序邏輯，但情感上，我還是認為現職的工作必須優先於一切。

「這就是所謂的撞一天和尚、當一天鐘嗎？」強納森知道後，嘖嘖稱奇。

「你好像講反了吧！」這人的把妹技巧與國學常識能不能平衡一點啊！

沒想到，這個改期反而加速了我進入私募基金的流程。

去面試當天，對方公司的接待人員很親切地說：「原本與您聯繫的財務長，昨天已經飛回北京囉！不過你不用擔心，總經理今天會直接與您面談！」

為什麼你覺得直接跟總經理談是不需要擔心的狀況？

但是我自己要跟對方改時間的，也只好硬著頭皮上了。

對方總經理走進會議室那刻，我彷彿看到歐洲電影裡會出現的那種老紳士，雙排扣西裝、袖扣及口袋巾，搭配身上迷人的古龍水氣味，只差沒有拄一根核桃木拐杖走來。

「你好，我是 Lionel。」連名字都很歐風。

沒辦法，我就是會對自稱名字不帶職位的人懷抱有好感。忽然一瞬間，我想到 Jessica——怎麼我這麼容易碰到第一個面試對象就是總經理的情況啊？

Lionel 很親切地先跟我寒暄：「有在大陸住過嗎？」（沒有，但倒是因為出差去了不下十次。）

「有去過北京嗎？」（考上大學時去過一次，在北京清華裡面走到迷路。）

「結婚了沒呀？家人會不會反對你離鄉背井去工作呢？」（就是為了女朋友去的呀！家人也都不住在台灣。）

閒聊了大概十五分鐘，Lionel 才提到工作相關內容，以及他們在找什麼樣的人，還有這份工作的發展性是如何。

　　工作內容與我想得差不多，發展性就更不用說——能進入夢寐以求的私募基金工作，已經遠遠高於我本來的預期了——重點是，希望我就是那個你們要找的人啊！

　　沒想到，Lionel 比我更積極，會談的最後，Lionel 拋出一個讓我心蕩神馳的問題：「那你什麼時候可以上班呢？」

　　我評估手上負責的工作，「依公司規定，正常是需要提離職後一個月，所以我保守一點算，大概是六週後。」

　　Lionel 在整場面試中，第一次深深地皺起眉頭：「不能再更早一點嗎？」

　　「公司希望的時間是？」我試著反問。

　　「比方說，下下禮拜？」

國際之男碎碎念

其實私募基金的工作經歷一直是我出書的最大阻礙，因為這個領域的人，都非常低調且注重保密。關於私募基金的各種秘辛，只能恕我保留囉！

離職的藝術

其實跟談分手差不多？

　　我最終還是跟 Lionel 約定六週後赴北京到職。Lionel 在電話那一頭的語聲明顯不悅，但可能又無計可施。

　　設定這個時間，倒不是因為搬家到北京需要很長的準備時間，也不是因為手邊工作量龐大到需要六週才能完成。最最最主要的原因，是我希望留給原公司多一些時間，找人頂替我的位子。

　　也許這麼說很鄉愿——畢竟商場上從來都是利益關係——但我始終覺得，我能夠有今天，是因為三年前 Jessica 給了我一個機會。

　　當然，我在取得這個機會之後全力以赴，「應該」（畢竟是自己說）也沒有讓 Jessica 失望，甚至我可以很有自信地說，與銀行界的其他 RM 相比，我在工作投入的心力與熱情，以及所產出的商業成果，應該至少有中上水平。

　　但換個角度想：這世上像我同樣努力的人，太多太多

了；但我何其幸運，得到一個機會，又快速得到一個更大的舞台。我把握住，是因為我有得把握。

總之，我硬是賭了一把，猜測新公司應該不會因為我晚幾個禮拜上班而另尋他人，並打算利用多留下來的那幾週，完整做好交接，也給老東家更多緩衝。

但這一切的發生，都必須在我向 Jessica 開口提離職之後。

即便是第一次從大公司提離職，我近乎本能地意識到：最保險的方式，是在我拿到新工作的 Offer Letter 以後再向現任公司提離職。

我本以為我還有一些時間，沒想到面試完隔兩天，私募基金就把 Offer Letter 寄來了——上面甚至已經註明我赴北京到職的日期。

沒得逃，我只能硬著頭皮跟 Jessica 約時間「聊一聊」。

即便從私募基金面試完、Lionel 問我何時可以上班的那一天起，我已經在內心中沙盤推演過不下數百次該如何開口說要離職，但等到真正要走進 Jessica 房間前那一刻，我仍舊覺得雙腳重得像是灌滿了鉛。

我腦中甚至浮現過三年在業界聽聞過的各種離職八卦：

某大型金控的中堅員工，向過去幾年呵護有佳的主管提離職，主管當場火大到把辦公室的垃圾桶當足球一樣一路

踮到電梯門口去；某美系外商銀行的高階主管提離職後，連請 ARM 幫忙印個文件都叫不動，甚至原訂上班到週五的，因為大老闆心情不好，竟提前在週三被攆走；最誇張的是某銀行儲備幹部在培訓未完前的某天上午提離職，中午午餐完回到辦公桌，就發現電腦及螢幕已經被搬空，只剩下私人物品，被要求當天走人，離職一週後甚至收到銀行法務寄來的存證信函要求賠償。

從我的座位走向 Jessica 的房間，那段路不過短短不到二十米，我腦中卻快速閃過上述那些業界的「奇聞軼事」，誰又知道，我會不會是金融界的下一段「傳奇」。

我敲敲門，深呼吸一口氣。

Jessica 微笑招呼我在她面前坐下，清脆的語聲一如三年前面試時向我打招呼那樣說：「你今天找我談什麼？」

這真的是我人生中少數幾次艱難開口的時刻。但我還是只能直說。而且必須清楚明確地說。

「總經理，我是來向您提離職的；我後續有一些其他規劃，預計要到北京工作。」

Jessica 一語不發地看著我，臉上仍帶著笑意，但眼神已悄悄轉變。

「你繼續說。」

於是我就真的說了——徹頭徹尾地，從我跟 Claire 怎麼樣出現分歧到分手、後來在出差的過程中怎麼樣與 Anne 相

處到熱戀，以及最後我打算去北京的種種考量。

Jessica 在這過程中幾乎沒有打斷我，就只是像一個多年交情的大姐，靜靜地聽我說。

「你剛剛敲門走進來後，我看到你的臉，就猜到了。」等我都說完後，Jessica 說的第一句話是這樣。

「你記得我跟你說，你這段時期最重要，特別是你前面已經走了一些彎路，現在要好好打下基礎。」

「我不知道你的新工作怎麼樣，但我相信對方應該是認可你的能力，這也讓我與有榮焉，代表我們所處的業界的其他機構，也都肯定你的資質。」

Jessica 後面好像還說了很多，但我雙眼已經逐漸模糊，腦中一片空白。

「北方很冷，去了要好好照顧自己。」這是我所記得，Jessica 對我說的最後一句話。

坦白說，提離職就像主動談分手，都是要結束一段關係、都是要走向與原本的人不同的方向。就在一年前，我滿心受傷地覺得 Claire 要離我而去；而我現在，則是對給我人生重要轉折機會的老東家離去宣告我另有高就。

兩者有何不同？

也就在走出 Jessica 辦公室的那一刻，我才真正對 Claire 的離去徹底釋懷。既然我認為我沒有錯，我只是找到了一個

更想要的工作；那 Claire 也沒有錯，她只是找到了另一種她更嚮往的生活。

離別終究必然出現，差別只在於，它以什麼樣的形式，降臨在我們的生命之中。

國際之男碎碎念

如果離職真的等同於分手，我只希望，所有的緣分，都能夠好聚好散！

飄向北方

「千里之外」的全新旅程

　　我在外商銀行的最後工作日是週五，然後預訂了兩天後的機票，也就是週日飛到北京，週一就立刻上班。

　　離職有很多雜事，搬家也很多雜事，離職跟搬家兩件事同時擺在一起，更是雜事多到不行。

　　但在處理雜事之前，我必須先告訴 Anne 這件事。

　　之前在大小事情上多半表現得處變不驚的 Anne，聽到我說要離職後，在電話那頭高昂的驚呼聲，彷彿整個人從椅子上彈起來到三層樓這麼高。

　　「已經確定日期了嗎？」對啊，機票也買好了。

　　「那你台北房子怎麼辦？」先清空，然後請房仲找房客把房子租出去囉！

　　「所以後來薪水談得多少啊？」還行啦，至少比二十二K高，我是說人民幣。

「那你來北京，房子找好了嗎？」就現在每天逛五一同城囉！

「你來的這個季節衣服很難帶耶！你要帶幾個行李箱？」

「忽然覺得妳好像我媽喔！」

「如果不是因為我，你會換工作來北京嗎？」

我忽然陷入沉默。

其實我也自問過這個問題不下十次。

確實，Anne 是讓我離開銀行、離開台灣的催化劑。若沒有遇到 Anne，我想我還待在舒適圈，享受 Jessica 對我的信任，以及外商銀行優渥的福利及自由的公司文化。

但於此同時，我也非常清晰地感受到我學習成長的速度正在快速減慢。剛入行時焚膏繼晷地努力學習，以及接觸新知後的充實感，都在過去一年逐漸變得麻木。

說得更直接一點：我越熟悉公司的運作模式，工作起來就越知道怎麼偷懶。

所以我必須很誠實地說：為了 Anne 去北京這個決定看似衝動，但長期而言，真正受益的人可能是我。是她把我推出了舒適圈外，讓我去挑戰更大的世界。

「哈囉，有人嗎？」Anne 的呼喚聲把我喚回現實。

「我一定要回答這個問題嗎？」

「廢話！」

「不一定去北京啦！也有可能去蒙古啊！」

「欸話說我去年才去內蒙古玩，根本不是你腦中想的那樣！」Anne 竟然就順勢跟我聊起了旅遊！

那天之後，我們談論的話題，就從談情說愛變成了非常實際的柴米油鹽：「要在北京的哪裡找房子？」、「辦公室的地點除了搭地鐵還可以怎麼去」、「北京平均一餐消費多少錢？」、「這樣的薪水能不能夠存到錢？」

而我後來發現，這也是所有想要尋找海外工作的人，必然會碰到的問題。

在那之後，我又跨國搬了三次家，所累積的經驗讓我學到一件事：「跨國移動最重要的事，往往不會是明確的數字，或是網路上搜尋得到的資訊，所能告訴你的。」

舉例來說，私募基金辦公室位於北京一號線地鐵上，我利用網路搜尋了很多一號線沿線的住宅區，覺得屋況不錯的一些物件，價格都還算可以接受。

但真的到當地之後才發現：原本看好的那些物件，周邊的環境要不是過於雜亂就是太過熱鬧，根本不是我能接受的。

這也讓我學到很重要的一課：「不能總是以台北觀點看天下。」

台北因為面積較小，而且捷運非常方便，所以上班族為

了省房租，住在捷運較外環的地方是常有的事。

但是北京非常大，東四環與西四環的「直線」距離可能就遠過台北火車站到林口，更慘的是，北京正中心點因為「卡著」一個天安門，所以車輛很難「直線」穿過，而必須以環狀繞行，行車距離幾乎翻倍。

這還是在「假設」交通順暢的前提下，而實際上，北京幾乎「終年」在塞車。曾有過北京朋友半開玩笑地說：「在北京上下班交通顛峰時間，如果真被撞了，其實也就不用救了！因為救護車也開不進去載人，載到人也開不出來到醫院！」

甚至網路上還流傳著這樣的笑話：「我住東五環、她住西五環，我們正遠距離戀愛中！」

此外，北京的租房市場，跟台灣比起來，也是非常不利於承租方。

台灣習慣的「押二付一」（押金二個月，房租付一個月）幾乎是租屋條款的「上限」，甚至有些較會談判的租客（或是心比較軟的房東）願意開出押金只要一個月的條款。

但在北京，因為外來移工較多，且這些外來移工平均收入相對較低，使得租房對房東來說，除了考量收益之外，還必須兼顧「道德風險」，使得租房條款就變得極為扭曲，「押三付三」成為並不罕見的條款，甚至「押六付三」、「押二付六」都曾讓我見識過。

但這些條款很可能不會明定在網上搜尋租屋的相關內容，或是網上列的是一個相對寬鬆的條件，實際碰面洽談的時候，房東旋即就地起價。

　　種種文化差異，使得越是靠近離開台灣的時間，我對台灣的眷戀就越深。

　　即便在香港創業的那段時間，我也只是頻繁地往來台北香港兩地，而真正定居在台灣以外的地方，這還是第一次。

　　即便人還在台灣，我已經開始想念夜市各種美味小吃，想念台北一小時車程內就可以親近高山海洋，想念台灣社會的自由與包容，更重要的是，這裡是孕育我成長的家鄉。

　　矛盾的是，我也越來越期待前往北京的生活。

　　那裡究竟會是怎樣的一番光景？北京作為中國一線大城市、匯聚兩千萬人口，會呈現出怎樣的競爭強度？更讓我躍躍欲試的是：我的能力，在新公司究竟是否足堪重任？

　　就這樣，在不捨與期待拉扯中，北飄的日子終於來臨。

　　強納森很有義氣地說要載我去機場，但他每說一句我內心就反駁一句。

　　「你房子都弄好了嗎？」整理好啦！

　　「那你的貓也處理好了嗎？」也找好人先幫我顧著，等安頓下來後就接她一起去北京啦！

　　「那你的台幣也處理好了嗎？」台幣是要處理什麼啦！

「那你台灣留下來的小妞，如果有什麼需要代為照顧的……」

「這位把拔，請你顧好你的女兒就好！」我賞了開車中的強納森一記中指。

到機場後，強納森幫我從後車廂拿出行李。

「你要好好照顧自己喔。」

「去北京後，真的有什麼不順，隨時可以回來看我們，你的兄弟都在這。」

強納森越說，語音越低沉。

「好啦，我就送你到這，再耗下去飛機都要飛走了；人家不是都說『送你離開，千里以外』嗎？」

是「送君千里，終須一別」吧！！

把我剛才的感動還來！！

國際之男碎碎念

搬家真的超累的，但我還是持續在搬家……

北京私募的歲月

BEIJING

揭開私募基金的神秘面紗

幫王室做投資，要注意什麼？

　　走出地鐵，穿過還沒拉開鐵門營業的商場地下街，轉兩層手扶梯，用磁卡「逼」開進出管制門，按下三十八樓。

　　電梯鈴響，門開，我走進辦公室，全新的辦公空間，櫃台秘書領著我到我的位子，我坐下，桌面上除了簡單的辦公文具，最醒目的就是兩盒屬於我的名片。

　　今天開始，我正式展開我的私募基金生涯。

　　早在大學時期，我就曾耳聞「私募基金」的名頭。但當時對我來說，「私募基金」只是一個遙遠又神秘的名詞。彷彿就像希臘神話裡，眾神聚集的奧林匹斯山（Olympus Mountain）那樣，一群好像很厲害的人在那裡做一些看似很厲害的事，但具體來說，做什麼？怎麼做？卻讓人霧裡看花，摸不著頭緒。

　　直到創業及進入外商銀行後，與私募基金有了更多接

觸，神秘感不再，但對私募基金的憧憬卻有增無減。但這也讓我意識到：一般人很可能並不了解私募基金在做些什麼？跟一般的基金公司又有何不同？

因此，在展開北京的故事之前，我可能必須先用本篇，來稍微解釋一下「私募基金究竟是一種怎樣的職業」。

先撇開「私募」兩字，就「基金」而言，其實就是累積一筆資本來做投資。一般人更為熟悉的是「共同基金」（Mutual Fund），也就是通過投信投顧法核准設立，得以向一般「非特定大眾」進行募集資金，並運用募集來的資金做投資，而基金公司以收取管理費作為回報。

但「私募」兩字點出了「私募基金」與「共同基金」最大的差異是：私募基金不得向一般「非特定大眾」進行募資，而只能向符合資格的機構及個人募資。

用更簡白的說法：「共同基金」的申購幾乎沒有門檻，一般人每月只需幾千元新台幣就能夠委託基金公司投資；但私募基金不但進場門檻高，在某些國家甚至必須符合限定的資格，才能夠委託「私募基金」代為管理資金。

也因為門檻高，使金融監管機關認為「能委託私募基金的，若非資產遠高一般人，就是金融專業遠高於一般人」，所以對私募基金的設立及募集規定也較為寬鬆，很多私募基金的設立只需要去監管機關「登記」，而無須取得監管機關

「核准」。

也因為私募基金不需要把資產募集的結果，以及投資哪些標的等資訊攤在陽光下供社會大眾檢驗，因此往往成為大型公司或超級富豪的理財管道。這些手握龐大資本的企業或個人，在追逐獲利之前，更希望達成資產隱蔽的效果。而私募基金，正是他們最佳的「潛水艇」。

總結來說，私募基金因為具有「專業度高」、「具投資門檻」及「保密性佳」等特性，使得它的投資範圍也較共同基金更廣。舉例來說，國際間有許多私募基金的投資標的，是藝術品、稀缺葡萄酒（Fine Wine）甚至超級跑車，這是共同基金無法跨足的投資領域。

另外很大一部分私募基金，是專門收購具獲利能力的企業，又或是參與不動產開發。近年熱門的太空及碳權議題，也早早就有私募基金參與其中。

說白了，只要能獲利，私募基金什麼都投資。

甚至某些特殊的私募基金，不獲利也可以。

以舉世聞名的中東石油國來說，除了國家具備主權財富基金（Sovereign Wealth Funds, SWFs）以外，許多特別富有的國王或王室成員，也具有私人的私募基金。而這些富到流油（或是說因為流油而暴富）的王族們，往往是為了彰顯身分地位，而收購某些具代表性的標的。

其中最經典的當屬二〇一一年，由卡達（Qatar）王室收購了義大利名牌 Valentino。但後續如世人所知，Valentino 的經營長期並未有所起色，可卡達王室對 Valentino 的持有同樣紋風不動。

簡單說：有錢就是任性！

而我工作的私募基金，較偏向上述幾種類型的混合。

最初的出資者是亞洲某位超級富豪家族，該家族進入中國私募領域後，與中國政府有了緊密的合作，並在最初幾年取得優異的投資回報。因此直到我進入該私募基金工作後，其管理的資產，已經超過一半是中國政府或與中國政府相關的大型機構所委託的資產。

以我所負責的項目為例，其中一個主要投資領域，就是與某中國地方政府合資成立的「產業引導基金」。這類型的「產業引導基金」，既要追求獲利，又需要能帶動當地的產業發展，因此特別喜歡與私募基金合作，達到招商引資的效果。

以實際的數字為例：如果該地方政府出資一億，那多半會要求私募基金出資四億，等於總和的資金有五億可以做投資。而私募基金的那四億多半不會從自己口袋拿出來，又會去外面募資，等於變相幫該地方政府做到吸引外資的效果。

是不是很聰明呢？

但問題就出在：出錢的人就會表達意見。

也就是說，就出資比例來說，只出資一億的地方政府算是「小股東」，出資四億的外資才是「大股東」；但就中國的政治經濟運作邏輯而言，地方政府出資比雖少，出的意見卻往往比外資多得多，這就造成了基金管理者——也就是我——難以取得平衡的困境。

　　另一個困難的點是：越是不怎麼樣的城市，越會需要這種「產業引導基金」來做招商引資；但外資也不是笨蛋，如果真的是一個一窮二白的城市或省分，就算設立公司免費，也不會有人要去。

　　總結來說，我的工作內容除了尋找具有投資潛力的標的外，還必須向出資的政府及外資報告，同時又必須擔任雙方溝通的橋樑。甚至某些時候，為了幫地方政府「做做業績」，還必須配合參與當地的一些活動。以我為例，就曾不只一次受邀擔任商業競賽的評審。

　　如果問我說「私募基金的工作有趣嗎？」確實挺有趣的，但要說繁雜，也確實需要各個面向的能力，絕不僅僅是坐在辦公室裡看看研究報告這麼簡單而已。

　　但也因此，雖然最終我在北京只待了短短兩年，卻在這二十四個月裡，深入到各個地方基層，以及與各式各樣的人有直接交流。

　　我曾與某超大型國有銀行北京總行的投資銀行菁英交流

切磋，也曾在華中某小鄉鎮跟工商局的小辦事員吵得不可開交。

　　我曾被邀請參與一客套餐破萬人民幣的奢華晚宴，也曾在某個窮鄉僻壤因為叫不到車、最後只好徒步五公里走回飯店。

　　你已經做好準備，一窺我在私募基金的各種刺激與挑戰嗎？

國際之男碎碎念

提供一個小八卦：當年的那些產業引導基金，現在好多都消失無蹤了耶……

北京地鐵初體驗
我在車廂內腳騰空

旅外五年多的經驗告訴我：其實海外生活也沒什麼，就是食衣住行而已。

但越是這些基本的事情，往往影響人在海外生活的感受越深刻。

舉例來說，我聽過好多人都把瑞士當成移居的首選；但問他們「瑞士到底哪裡好呢？」往往會得到的是「空氣清新」、「街道乾淨」或是「感覺很放鬆」這類看起來非常平淡的體會。

這些平淡卻令人滿足的感受，才是最難得可貴的。

單就這點來說，從「登入」北京的第一週，我就感受到自己與北京有多麼「八字不合」。

就從食衣住行一項一項開始講起。

吃飯對我來說，應該是障礙最小的事。我本身不挑食，除了形狀明顯的食物（雞爪、鴨脖這類）吃起來會有點害怕以外，其他能吃下肚的，我基本上不抗拒。

但北京的食物——也許中國都有這種傾向——在調味上普遍調得很重，吃不太到食材本來的滋味不打緊，但常常吃完的隔天會跟馬桶「相親相愛」好一陣子無法分開。

這樣的食物適應期，大概要等到我來北京一個月後才解除警報。但即便如此，偶爾還是會在吃完麻辣鍋或水煮魚後的隔天面臨頗為「慘烈」的教訓。

在我之後，每每有其他台灣同事來北京任職，也會有數週到幾個月不等的「腸胃適應期」。更特別的是，甚至有些同事是吃得非常清淡也非常小心，但還是無法避免會「中標」的情況。

只能說，所謂的「水土不服」，真的是在北漂之後讓我第一次深刻體會到。

衣著則代表著北京與台灣的氣候差異。

對金融業來說，上班的穿著差異不大，都是西裝襯衫皮鞋。但北京的冬天不但會降到零度以下，偶爾還會刮起強風，讓我這個「南方人」吃足了苦頭。

我就曾經在冬天的時候搬家，拉著兩大行李箱逆風而行，曾好幾度有瞬間風大到我寸步難行，只好蹲下躲在行李

箱後面，等狂風結束。短短三百公尺的路程，我走了十幾分鐘才抵達終點。

「我終於知道北風爺爺為什麼無法脫下旅人的大衣外套了！」在新家安頓好以後，我忍不住跟 Anne 吐苦水。

「你是不是又在講一些你那個年代的哏？」什麼話，現代小朋友不看《伊索寓言》的嗎？

說也有趣，當我在北京度過兩個冬天之後，偶爾因出差去到華中如上海、蘇州、武漢等區域，又對那邊的冷不習慣了。

最主要是因為，北京在大約十一月開始，不論你住的是摩天大樓還是老舊公寓，室內都會提供暖氣，因此雖然室外嚴寒，但進了室內後只穿短袖短褲也不覺得冷。可是如上海等城市，並不流行在室內提供暖氣，因此在冬天時，若當天白天沒出太陽，或住家採光不好，晚上室內往往會特別陰冷，因此出現在家裡戴毛帽圍圍巾的情況。

我就曾在北京時，與在上海的親友視訊通話，對方看我在一月的寒冬穿著一件吊嘎，顯得有點傻眼：「你不冷嗎？」

殊不知，我看著對方在家裡穿著厚棉襖，也是同樣傻眼：「你不熱嗎？」

居住方面，應該是跟台灣差最多的。

北京「貴為」六朝古都，許多房子都非常有歷史，而且

因政治、文化與商業交錯的城區配置，就導致市中心也可能存在比我年紀還大的住宅區（中國稱「小區」）。

年紀大就算了，北京的老宅也沒什麼在「保養」的，導致屋況問題非常多。我就曾在某天上班時，接到房仲打來的緊急電話：

「那什麼，你家出了點問題，趕快回去處理處理！」

「什麼問題？」這人講了十八個字，除了我家以外，什麼資訊都沒提供！

「你家裡好像漏水了！」

「喔，好！欸不對啊，你怎麼知道我家漏水了！」該不會這房仲都趁我外出上班的時候，白天偷偷跑回我家睡午覺吧！

「你家樓下的鄰居打給我的，說他們家的天花板開始滲水了！」

哇塞！即便我不是土木專業，也可以想像應該是我家積水到一個程度了，才導致樓下住戶的天花板開始滲水！

我趕忙衝回家，一打開門，廚房某個水管就像五星級酒店外面花園的自動灑水器一樣「噗噗噗」地瘋狂噴水！地板上的積水大概已經有一支 iPhone 高了！

我先趕忙把水的總開關關掉，然後面對一片汪洋，開始思考自己的人生方向。

「還是先上美團買件海灘褲，然後拍照打卡一下？」

房仲這時候也打開我家門。

「哇擦！」他也被眼前景象嚇一跳，「這怎麼搞啊？」

「就搞唄！」還是你也想來副蛙鏡？

我跟房仲就開始埋頭「倒水」，房仲用容器猛力地把地板上的水舀到馬桶去倒，「欸等等、那是我煮飯的鍋子……」

「你說啥？」

「算了，沒事。」我可能需要先買新的飯鍋。

最後聊聊「行」，交通這回事，在中國習慣稱「出行」，也是我在北京生活最難以跨越的「魔王關」。

首先，就如前面所提到的，因為北京太大了，導致移動距離很遠；然後又因為環狀線的設計，去哪都必須繞二三四五環而行，使得交通常常呈現壅堵的狀態。

在北京的塞車，跟台北的塞車，意義上截然不同。北京的塞車，是兩公里的車程可以花上半小時的那種「塞車」。

「週五的下班時間，就是東三環停車場開放營業的時候喔！」Anne 這樣向我介紹，欸不是妳這與有榮焉的口吻是怎麼回事？

「那你就搭地鐵唄！」Anne 的口吻，天真地跟「那為什麼不吃肉呢？」的皇帝有幾分相似。

於是我就聽從她的建議了。

我在私募基金的工作時間相對自由，所以我時常選擇九點半到十點之間才到公司，然後五點左右提早下班。反正老闆們大多都在四處飛，只要自己的工作做好，基本上沒人管你在不在辦公室，當然也不用打卡。

　　但即便如此，我還是有少數幾次不得不在尖峰時間出門的經驗。那時候的北京地鐵，就跟地獄鬼門開沒什麼兩樣。東京地鐵上下班時間，乘務員幫忙把人「推」上車廂的景象，在北京同步復刻上演。

　　這邊必須不帶歧視地說：因為北方乾燥，加上文化使然，北京當地人並不像多數台灣人一樣，有每天洗澡的習慣——這點是我在持續跟北京的出租車司機閒聊後得到的田野調查結果。甚至還不只一位司機大哥一臉黑人問號地反問我：「澡，是要每天洗的嗎？」

　　也因此，北京的地鐵車廂內，總是瀰漫著一股頗為「神秘」的味道。這股味道在人潮較鬆散的時候，還算可以忍受的範圍；但當搭乘人口密度升高時，悶熱結合異味，產生出讓人想要原地暈倒的崩潰。

　　特別是某次，因為列車故障的因素，一次累積了好幾班車的乘客在月台無法消化。我好不容易擠上車後，腳貼著車廂邊緣回頭一看，想著「應該差不多了吧？」沒想到後續又再硬擠進來了至少十位以上。

　　就這樣被擠著擠著，我忽然感覺腳底浮現一種漂浮感

——我竟然被擠到兩腳騰空！

這個懸浮的狀態，並沒有因為到站而解除，因為下一站門一開，車廂內的人與車廂外的乘客是同時間交錯著進出，甚至擠進車內的人更多過下車的人！

更慘的是，等我到站的時候，我已經被推擠到車廂的中間深處。我遙遙望著地鐵車門，內心暗自下定了決心：「未來寧可在車陣裡舒舒服服地動彈不得，也不要再懸浮在地鐵裡快速移動了！」

那一趟，我過了三站後才終於「腳踏實地」脫離車廂，然後再去對面月台搭反向地鐵前往公司。在往回坐的期間，我傳訊息跟 Anne 訴苦：「妳知道嗎？我剛剛在地鐵裡面雙腳騰空了三站耶！」

「你是不是又在講一些你那個年代的哏？」

才不是啦！！！

國際之男碎碎念

在我解釋完之後，Anne 說：「就你這個體重，竟然也可以騰空？」
……早知道就不解釋了哼哼！

「不要跑了，回家！」

在北京，生活與工作真的能平衡嗎？

　　開始在北京工作後，我很快地感覺到：這裡的工作步調及強度，都遠遠高過台北。

　　當然，工作性質略有不同（私募基金 vs. 外商銀行），城市規模也有差異（北京據說居住人口超過兩千萬人），北京的工作步調較快，或許是可以理解的。

　　但我覺得更多的不同，源自中台兩地的文化差異。

　　雖然我們喜歡說中台兩地「同文同種」，但在北京工作的過程中，我確確實實地感受到中國的職場文化與台灣有多麼不同，甚至跟香港也不太一樣。

　　舉例來說，當我在台灣工作時，如果有個工作事項在週五下午被丟出來，不論要回覆的對象，是內部的同仁或主管，又或是外部的交易對手，大家多半會很有默契地說：「那我們下週討論一下」。

即便真的是很急的議題，或者是非常突發的狀況（類似先前提到的沽空事件），頂多會被吩咐兩句：「你週末先研究一下，我們下週一早上約個時間討論。」

但是剛到北京工作沒多久，我立刻就被震撼教育了。一件我所負責的案子，在我們把投資框架丟給被投資方後，被投資方的律師在週五下午五點過後寄來回覆。

十分鐘後，我收到我方律所的微信。

「您好，我們已經收到對方反饋了，那是不是晚一點我們討論一下？」

晚一點？討論一下？現在是週五下午五點十分，你的晚一點該不會是 Friday Night？

我用一種「哩喜咧工三小」的態度把律師打發掉後，又隔了十五分鐘，我們內部負責引薦那個項目的大老闆直接打電話給我。

「嘿，我看對方已經回覆了，那看你今天是不是可以先跟律所討論一下，我明天上午問你詳情。」

「明天上午？」

「啊對，你不問我都忘了，我明天上午去順義打球，那就、明天傍晚好了！」

我一度以為我耳朵壞掉，明天傍晚不是週六嗎？

於是，我只好回頭微信剛剛被我敷衍掉的律師。

「您好，我們明天上午是不是可以有個時間討論一

下？」

「明天上午我有兩個會議，不然今天晚上九點可以嗎？」

我一度有種時空錯置，彷彿回到我小時候，那個週休二日還沒開始實施的年代。

結果，我真的從晚上七點開始讀那本厚厚的投資協議，九點沖了一杯濃濃的黑咖啡與律師開始開會，討論到十一點半後，還整理會議重點，等到寄出會議摘要給內部大老闆的時候，已經將近十二點半了。

結果隔天早上起床，看到大老闆凌晨二點回覆我的email，信裡羅列了十幾點疑問及建議。

我開始懷疑人生。

後來我發現，這個狀況不僅僅是發生在我的公司，甚至可以說，我公司還算是症狀比較輕微的。

更嚴重的，比方說 Anne 的公司。

如先前所提，因為我工作的私募基金是由某位亞洲富豪創立，加上公司高管許多都有美國身分，所以即便把我們操到週末加班，至少還有點「底限」。

Anne 所工作的私募基金，是所謂的「國字頭」，也就是國營的金融機構。而且還不只是地方政府出資成立的，若從股權結構追本溯源，可是堂堂「央企」（中央直屬企業）。

但可別以為，國營的金融機構，就像台灣的台銀或郵局

那麼「公家機關」；剛好相反的是，正因為有國字招牌當頭，裡面的老闆們催起工作來，幾乎是不把員工當人看。

某天，我跟 Anne 正在朝陽公園跑步。

手邊有手機的讀者，可以立刻打開 Google Maps，輸入「朝陽公園」。

是的，你沒看錯，朝陽公園就是這、麼、大！

朝陽公園占地面積將近兩百九十公頃，將近有十二個大安森林公園這麼大。別說大安「森林公園」，就是整個大安區，也不過就一千一百公頃左右，換算下來，一個朝陽公園就超過四分之一個大安區。

而我們在如此巨大的朝陽公園慢跑時，Anne 收到他老闆打來的電話。

「欸好煩喔，週六耶，不想接。」

「不想接就按靜音啊。」我當時已經對週六老闆打來講公事這個行為逐漸麻木了，也漸漸知道怎麼樣技術性迴避。

但 Anne 的老闆不死心，手機鈴聲持續歡唱，就慢跑的背景音樂而言，有點太惱人了。

「吼，煩死了，到底要幹嘛啦！」抱怨歸抱怨，Anne 還是奴性堅強地接起電話。

唉，台灣人啊！

因為 Anne 是直接開擴音，我清晰地聽到她老闆的聲

音，一把濃厚的湖南腔。

「妳在幹嘛？」

「老闆午安，我在公園跑步。」

「不要跑了！趕快回家！」

「蛤？」

我的第一反應是：Anne 家的水管也爆掉了嗎？

沒想到她老闆這樣說：「我忽然想起來，某某公司那個定向增發的金額好像跟我們當初討論的有點不一樣，妳去確認一下，當時到底談的是五千六百萬，還是六千五百萬？」

呃，就，這個數字，有必要急著在週六下午確認嗎？如果拖到週日晚上、甚或週一開盤前確認，會有什麼區別嗎？

「當然沒差，那是上個月增發的股票，股價早就不知道跑到哪去了。」Anne 小聲地對我說，白眼已經從朝陽公園翻到二二八公園去了。

「總之，妳快回家去看一下！十五分鐘後我再打電話問妳！」

於是，我們從在朝陽公園內慢跑，變成往朝陽公園外快跑！Anne 氣喘吁吁地到家，打開筆電，點開資料夾，快速瀏覽 Excel 裡面的各項數字時，她的手機同時響起。

「報告老闆，金額是七千六百萬。」

「喔，好，那沒事了。」

「老闆週末愉快！」Anne 還特地把「週末」兩字加重音

處理，但她老闆早就掛上電話。

後來我們才知道，這種情況源於一種「上行下效」：老闆的老闆的老闆會莫名地抓住一個問題急著要答案，於是老闆的老闆會在週末被老闆的老闆的老闆強力騷擾；老闆的老闆要不到答案，就只好來騷擾老闆；老闆也找不到答案，就來騷擾下面的人。

而我們就是那些「下面的人」。

日後，我們跟同樣是北漂來北京工作的台灣人提起這件事，大家都露出「不意外」的表情，並且分享各家老闆各種花式騷擾。

像是聖誕夜的時候被留下來加班，趕一份截稿日是元宵節的報告；又或是一下飛機立刻收到上百則微信，導致後來每次飛機離地了手機都還不敢關飛航；甚至還有人割完盲腸後，立刻從醫院直奔公司，接著把上午沒開完的會開完⋯⋯

「大家都賺很多嗎？」聽到最後，我覺得週五晚上跟律師開會，好像也沒那麼糟糕了。

國際之男碎碎念

所以我後來自己當主管以後，都盡量不問別人「你現在在幹嘛？」

第一次出差就被帶去泰國浴

與其坐懷不亂，不如根本不要進去坐坐！

很多人在聊到去中國工作或出差時，都會提到風俗產業。不論是早期的「台胞證蓋淫蟲」的玩笑，或是後期風俗產業轉為較隱密的服務型態，「台商」或「台幹」——特別是有錢有權的男性——在對岸工作的應酬場合，似乎總免不了一些旖旎春色。

而我早在創業時期出差至大陸的時候，就有過一次「尷尬」的經驗。

那次，我和強納森在東莞市拜訪客戶。白天連續的會議加舟車勞頓，讓我們身心俱疲，晚餐的約被最後一位客戶臨時取消後，強納森提議去按摩。

「欸，這裡東莞捏！很容易碰到不純的吧……還是你就想要不純的？」

「屁啦，我這邊都軟趴趴了……」強納森邊指著褲檔，邊老神在在地說，「放心啦交給我！這種很好判斷啦！避開

粉紅色燈管！避開黑濛濛店面！就沒事啦！」

於是我們買了肯德基後，就在東莞市區邊啃漢堡邊閒晃。轉過某個街角後，忽然一座綠洲映入眼簾。

真的是綠洲。由棕櫚樹、沙灘及藍天白雲組成的壁紙外牆，以及比圖書館還明亮的燈光，櫃台坐著一位相貌敦厚的老人，店正上方的招牌寫著「某某按摩」。

「沒粉紅燈管！店面明亮到玻璃會反光！這間純！絕對純！」

我也被店面的「正大光明」合理說服了，再加上實在也不想繼續走，就跟在強納森屁股後面進了這間店。

老人親切地站起來，「兩位嗎？腳底按摩嗎？」

聽完價錢，我們更放心了八成，應該真的是純的！

付完錢後，老人領我們去按摩房，停在某個房間門口後，老人示意我進去，隨後把強納森帶開。

「咦？不是在同一間按嗎？」我疑惑。

「喔，我們這兒的房間比較小，只有單人間。」

我探頭一看，確實是只放得下一張按摩椅及一面電視，但房內裝潢也頗正常，光線也很充足，我不疑有他地就進去坐下了。

隔沒多久，一位女子走進來，剛推開門我就傻了眼。

這名女子穿著低胸爆乳的學生服，短裙大概膝上三十五公分，像極了曾經紅極一時的「黑澀會美眉」制服情趣版。

「您好，我來幫您按摩，可以嗎？」

「不行，我喜歡 Apple⋯⋯」

「呃，您說啥呢？」

「沒事沒事，就妳吧！」

對方端了大桶子進來，將裡面放滿熱水，開始幫我洗腳。一切的一切都非常正常，正常到跟我在台北五分埔的壯年大叔幫我按摩一樣正常，唯一不同的是因為按摩師穿著低胸爆乳學生服蹲著幫我洗腳的關係，我的視線無處擱置。

「接下來幫您按摩。」按摩師繞到我身後，手游移到我的肩膀上，開始抓捏。

即便用超級寬鬆的標準，這也很難稱得上是認真的按摩，大概就是小時候幫阿公阿嬤搥背換十元的那種抓捏的水準。我在內心嘆一口氣，八十八元人民幣算是丟到水裡了。

「但至少對方的手很安分。」我這樣安慰自己，你看你看，她的手現在就好好地停放在我的肩膀上⋯⋯

停放？我猛一回頭，按摩師赫然驚醒，裝作沒事地繼續進行不專業揉捏，然後又⋯⋯停住了。

接下來四十分鐘，就一直重複著「揉捏——雙手停下——我轉頭——她驚醒——繼續揉捏」的循環。我有點搞不清楚，到底是誰來按摩院休息的？

鐘響之後，按摩師再度驚醒（這次不是我叫妳起床囉！）用厚重鼻音問我說：「請問您需要加節嗎？」

「不用吧！妳都睡著了欸！」

按摩師尷尬地笑笑，退出房門外。

我走出房間，在大廳喝茶，本來覺得敦厚的老人如今看起來有幾分猥瑣。等了十多分鐘，還是不見強納森出來，我恍然大悟。

「啊，他應該是碰到不睏的按摩師！」

我就先搭車回飯店了。

在那次之後，我就對中國的風俗產業「毫無信任基礎」。

連去明亮綠洲的按摩店都能碰到這種事，還有什麼不可能發生呢？

因此，在我到北京之後，盡可能地謝絕一切應酬，若真有酒局，也會拉個同事一起前往，盡可能不單刀赴會。

直到我迎來第一次出差的機會。

當時是一個很臨時的狀態，我與某超大型國有銀行底下的附設基金再更底下的附設創投的主管，被指派到武漢出差，原因似乎是原本談好的投資條件臨時出了變卦。

我們降落之後，當時負責引薦這個案子的財務顧問（Financial Advisor，簡稱 FA）親自駕著他的 BMW 大 7 豪華房車到武漢天河機場迎接我們，沿途不斷向我們解釋被投公司方之所以變卦的原因，希望我們可以理解並同意對方提出的新要求。

FA 這種職業，可以很粗淺地被理解為資本市場中的房屋仲介，差別在於房仲是協助買賣房子，而 FA 是促成公司股權的交易完成。

出售一間公司（或公司的一部分股權）當然比買賣房產複雜得多，但兩者都具有同樣的特性，就是賺取交易價金的一部分佣金。

舉例來說，如果一間公司的擁有者，透過 FA 的協助，以十億元人民幣出售他的公司，並且當初雙方議定好 FA 的服務費是百分之四，則 FA 就可以獲得四千萬的回報——只是單一案件的酬勞。

所以在資本市場流行著這麼一句話：「想要獲得身分地位，就去當買方（Buy Side）；想要立刻賺大錢，就去當賣方（Sell Side）」。而 FA 這個腳色，無疑屬於賣方陣營。

當然，前提是在案件有成交的情況下。如果最後交易告吹了，FA 很可能忙半天連一杯咖啡錢也沒賺到。

基於這個邏輯，我很理解這位 FA 為什麼願意熱情地來機場親自接我們。但我代表的是我所屬公司的權益，因此在還沒見到被投公司之前，我只能冷眼看待他的親切。

與被投公司碰完面後，這位 FA 帶我們去高級的日本料理用餐。稍早的會議雙方並沒有共識，亦即交易很可能告吹，因此晚餐的氣氛有點沉悶。

FA 提議喝點白酒（不是白葡萄酒，是高粱或茅台之類

的烈酒），我首先拒絕。

「我酒量不是很好，茶就可以了。」與我同行的另一位創投主管見狀，也婉拒了。但這位 FA 鍥而不捨，眼看坐下二十分鐘都還遲遲無法點餐，我與那位創投主管只好退讓一步。

「啤酒就好。」

很可能因為長途旅行及會議後的亢奮，酒精確實有放鬆的效果，FA 也丟了一些比較輕鬆的話題，晚餐的氣氛逐漸變得熱絡。

晚餐結束後，FA 提議續攤。

「難得今天與兩位總聊得這麼投機，我們找地方再喝一杯。」

「不了，我可能還要回飯店，跟公司回報狀況；而且今天也挺累的了。」我再次感謝他的好意，但此刻只想立刻在床上躺平。

「哎呀，是是是，你看我，都忘了兩位總是今天才從北京飛過來。」

「那不然這樣，我帶您們去放鬆一下，舒緩一下疲勞。」FA 轉頭對司機低聲說：「小吳，前面轉去某某店。」

現在回想起來，我當時應該真的是累了，對於「放鬆舒緩」這些關鍵字竟然沒有半點警覺。很快的，司機小吳把車停在某間店門口，FA 幫我拉開車門。

「呃，這是⋯⋯？」

「先進來，先進來再說。」旁邊黑西裝的服務生幫我們拉開店門，FA 半請半推地把我們擠進店裡。

一進去，立刻有女子遞上溫熱毛巾，這下我酒也醒了——沒道理旗袍爆乳開高衩到這種程度吧！

「這不好吧。」我還沒說話，旁邊創投主管率先發聲。

「沒事沒事，今天大家都累了，兄弟就當個東道招待一下，去洗一下，算是放鬆。」

原來這裡是泰國浴洗浴店啊！

至於洗⋯⋯當然是另一層涵義的洗囉！

其實當下我沒表示意見，最主要的原因是，我是一個初來乍到的台灣人，真的不太清楚這邊的「行規」是怎樣。我只能心裡打定主意，如果真的推辭不了，頂多就進去做做樣子，請預備服務我的女士在旁邊玩十分鐘手機，出來再自己結帳就好。

還好這時候另一位創投主管態度堅決，堅持不願意進去。

「真的感謝你的好意，但我們今天真的累了，我來叫車吧！」我趁機滑開「滴滴打車」的 App，祖上積德，司機竟然近在五百公尺內。

「兩分鐘就到，我們先走了，謝謝謝謝啊！」我率先推開門，創投主管緊隨在後，留下一臉錯愕的 FA。

上車之後，那位創投主管悻悻然地說：「這真是沒辦法接受啊。」我還沒來得及答腔，他緊接著說：「跟他也不熟，這也太怪了吧！」

……問題應該不是熟不熟吧！

國際之男碎碎念

其實真的要避免一些誘惑最好的方法，就是讓自己遠離誘惑的情境之中。考驗人性一百次，只要破功一次，很可能就直接「回到起點」喔！

羊毛、共享單車與飛彈

我在北京所參與過的投資案

撇除出差，我百分之八十的時間都在評估各式各樣的投資案。

來到北京工作後，我最深的感觸是：中國不愧是泱泱大國，各種產業的多元性遠遠大過台灣。

在台灣時，能夠與外商銀行大企部門打交道的企業，多半是電子業，而且高度集中在電子「製造」業。其餘的公司，大概也是製造業或連鎖服務業為主。

而我到北京後，評估的第一個案件，是畜牧業。

投標的公司是一個設立在外蒙古的公司，主要產品是提供品質優異的羊毛，實際畜養的羊隻超過上萬隻，每年能夠創造破億人民幣的營收。

但過去我所學習的分析工具，許多都派不上用場。

公司的主要資產從「機器設備廠房」變成「生物資產」，

要怎麼評價？標的公司沒有透過大型會計師簽證財報，我怎麼判斷羊隻的價值？

公司的主要產品從晶片變成羊毛，怎麼評估景氣循環？需求是穩定還是不穩定？其他主要競爭者中沒有公開發行公司，我要如何判斷對方提供的營收及獲利預估是否合理？

各式各樣的全新挑戰迎面而來，我只能重新學起，或是向資深的同事求助。

後來又陸續看過了各式各樣產業的公司，每五間大概會有四間是我以前從未接觸過的，我既欣喜於學習新知，同時也必須突破各種「困境」。

比方我後來評估了直播公司，還為此下載了超過五種直播 App，每天晚上下班後，還必須在九點到十一點的尖峰時間，看著直播主在手機螢幕上又唱又跳，還要忍受 Anne 對我的冷言冷語。

「原來你喜歡這一型啊……」Anne 以一種尖酸刻薄婆婆的語氣從我背後飄過。

「不是啦！我是在研究這間直播公司，這是現在最當紅的主播，叫馮提……」

「甭提啦！你今天晚上睡沙發！」

我也參與了當時北京最火熱的共享單車投資案，當時的前兩大共享單車品牌，其中之一找上我前面提及的那位創投

主管，於是他邀請我一起參與評估。

　　沒想到，因為太多投資人追捧，該共享單車預計募資的金額早就爆表，導致公司擺出非常高的姿態對應我們這些後進投資方，使我連公司的管理層都見不到。

　　對方只寄來一封 email，裡面附上這一輪的投資意向書，並寫上回覆確認投資與否的期限，大概是我收到 email 當天後三週。

　　「對方的財報呢？」沒有提供。

　　「商業計畫書呢？簡單的就好。」也沒有。

　　「最基本的財務預估或是競品分析呢？」很抱歉，還是沒有。

　　「那投個屁啊！」我同事從座位上爆跳起來。

　　唉，對啊！但是這麼大的案子，不可能不評估啊！

　　於是我們只能自己想辦法。

　　我站在二月的北京街頭，頂著零下五度的寒風，在捷運站出口拿著筆記本登記各大共享單車被租用的情況，從清晨七點站到早上十點，傍晚五點再去站到八點，就這樣持續站了一個禮拜，推導出每一輛單車每天可能被租用的次數，以及能創造的營收。

　　然後再透過人脈，去打聽該公司現有的員工數、員工薪資水平、行銷預算；去北京街頭各個腳踏車店，詢問老闆共享單車的可能價格，以及哪些零件特別容易損壞、維修或替

換的成本又各是多少。透過以上資料，建立我們對共享單車的成本預估模型。

最後我們得出的結論是：如果要損益兩平，每租借一次，一台車至少要收費三點七塊人民幣。

那當時的共享單車，租借一次普遍是多少錢呢？

免費。

是的，你沒看錯，免費。當時各大共享單車為搶攻市占率，紛紛推出如「一元免費騎一個月」、「十元免費騎半年」之類近乎免費的促銷方案，只為了綁住用戶。

那公司要靠什麼賺錢呢？我不禁疑惑。

但以共享單車當時如日中天的聲勢，使我內心略為猶豫，「會不會只是我看不懂這個投資標的呢？」隨著投資期限日近，這類的疑惑讓我無法輕易放下投資意向書，可是每當回頭對照我們親手建立的財務模型，各項數字都在向我呼喊，告訴我「這不是一個可持續的商業模式！」

到了回覆投資意向截止日的那週，我把一切資料呈報給當時面試我的總經理 Lionel，請他定奪。遠在美國加州的 Lionel，看完資料後，很乾脆地下了決定：

「不投！」

「確定不投嗎……」我還在猶豫。

「不投。也許三年後看，我們是做錯了，甚至是錯失了一個絕佳的投資機會；但就現在我們所擁有的各項數據都顯

示，我們沒有投的理由。」

「投資機會錯過，再找就有了；但投資哲學及原則如果可以被打破、被妥協，那我們身為專業投資人的價值就不存在了。」

事後證明，Lionel 是對的。

但也不是每個項目都讓人這麼猶豫，隨著經驗累積，多數的投資案我研究後就能獨立下投資判斷。但這時又碰到另一種特殊的狀況：對方願意讓我們投，但不能讓我去看項目。

比方說，軍工領域的。

在某大型國企高層的引薦下，某次我前往西安去評估一個投資標的公司。因為行程很緊湊，那陣子又特別忙，我到上飛機後才有空打開筆電看該公司的相關資料。

一看傻眼，這些都是國防設備耶！

雖然多數的產品是商用人造衛星，但也有少數包含軍用衛星的零組件、支撐衛星發射用的輔助火箭，以及某些可以應用在軍用飛彈發射台上的關鍵零組件。

我開始背脊發涼：這些東西，是可以給我一個台灣人看的嗎？

抵達標的公司總部後，我與引薦我們的那位國企高層碰面，雙方寒暄之後，那位高層猛一回頭，對標的公司負責人

說：「這位是台灣人喔？沒問題嗎？」

有問題的話，你倒是在我登機前先說啊！

「沒問題吧，我們有商用的設備！」對方總經理倒是一派輕鬆。

於是我也一起進了對方的產品研究室，跟著一起逛了一堆人造衛星的模型。尷尬的是，對方的產品並沒有依「商用」或「軍用」而分類，所以在對方導覽商品的過程中，我的眼角餘光還是可以看到那些軍用設備。

我盡量不去看它們。

結束導覽後，我們正準備在會議室就座，忽然一位頗有威嚴、身著軍裝的年長者走進來，標的公司總經理立刻迎上前去熱烈地打招呼。

談話過程中，那位軍裝老人忽然眼光掃向我。

「哇塞！該不會是要把我滅口了吧！」我手心出汗，環顧四周，希望找出一條逃生路線。

還好，老人又把眼神移開，最後拍拍總經理的肩膀，走出會議室。

總經理開朗地說：「那接下來，我們看一段視頻，為各位展示我們最新的一項產品！」

影片開始，所謂的「最新一項產品」，正是該公司研發的一種可以掛載在無人機上的輕型飛彈。

透過影片，看到無人機在空中盤旋，對數百公尺外大約

行李箱大小的目標物發射輕型飛彈⋯⋯

命中，爆出火花！

現場觀眾也爆出掌聲——其中就屬那位國企高層拍手拍得最大聲。

哈囉！我人在這！

國際之男碎碎念

做投資，最重要的是永遠保持冷靜。即便市場再狂熱，也不要隨情緒起舞。

同事都超有錢，而且都不在中國生小孩

那我未來十年怎麼辦？

　　在先前的章節提過，我所任職的這間私募基金，幕後出資的老闆是靠不動產起家的一位亞洲超級富豪。因此「老闆家很有錢」這件事，算是在預料之中。

　　但出乎我意料之外的事，同事竟然也都超級有錢的！

　　與我不同組別的一位投資經理（Associate）叫 Grace，據說家中坐擁十幾座稀有金屬礦坑，因此她大小姐從小開始，暑假就是飛溫哥華玩風帆，寒假就是飛北海道滑雪，基本上都不會待在中國境內。

　　「我真是到出社會工作後，才第一次看過南昌的冬天是什麼景象呢。」某次吃午餐，聊到同事們各自家鄉的景色時，她大小姐語氣天真地這麼說。

　　另一位研究部的新進分析師（Analyst）叫 Peter，平時

很沉默寡言，做事一板一眼，像極了金融業的理工宅男。剛入職那天的自我介紹，據說創下了有史以來介紹秒數最短的紀錄。

結果某次我被指派負責籌備一支新募集的子基金，原本母基金的主要出資方（LP）因為某些因素，導致不能再增加投資金額，使得這支子基金產生約兩億人民幣的缺口。

被指派任務後一週，我把基金募資投影片發給 Lionel 請他過目，沒想到 Lionel 一派輕鬆地說：「都還沒機會跟你說呢！關於那兩億的缺口，Peter 他們家給填上了！」

嗯？Peter？他們家？

Lionel 遠在太平洋那一頭，彷彿會讀心術般，「對啊，好像 Peter 十一國慶回家的時候跟他姥姥聊了一下，他姥姥說有筆閒錢放很久了，不然就給我們公司做投資管理吧！」

……我阿嬤的錢都是給我買棒棒糖，人家姥姥的錢是拿來填私募基金的募資缺口，真是貧窮限制了我的想像！

當然，多數同事像我一樣，父母就是受薪階級；過去在外商銀行工作時，也親眼目睹過 ARM 開著 BMW 來上班的情況。不過台北的「有錢同事」，跟北京的「同事有錢」比起來，還真的是有一大段落差。

而經過一段時間的觀察之後，我發現一個驚人、但也許並不那麼意外的事實：越是有錢的同事們，越是不打算「扎根在中國」。

舉例來說，先前提到過的稀有金屬小公主 Grace，入職半年不到就宣告懷孕，並且立刻提留職停薪。

　　喜獲麟兒當然是好事，我趁著某次午餐同事們一起吃飯向她道賀，順便問她留職停薪後有什麼計畫。

　　「還沒想好耶，總之會先到溫哥華安頓下來後再說！」

　　「咦？妳要在溫哥華生嗎？」我反射性地問，話出口了才發現我問錯問題。Grace 以尷尬但不失禮貌的微笑看著我，臉上彷彿寫著「憑老娘的身家背景，你怎麼會覺得我要留在國內生呢？」

　　又或是另一位同事 Adam，據說公司成立三個月後就入職一路做到現在，員工編號是個位數。我參與這間私募基金的第一個尾牙晚宴上，趁著酒酣耳熱跟平時不熟的 Adam 多聊了兩句，才知道他的妻小全都住在澳洲布里斯本（Brisbane）。

　　「那你怎麼不一起過去呢？」我問。

　　「老囉，而且我的英文也不好，還是留在國內掙錢容易一些！」

　　「那怎麼不會想讓你兒子也進私募基金呢？」看來我沒學到教訓，問蠢問題的功力有增無減。

　　Adam 仰天一笑，「哈哈、那兩個沒出息的，我看難喔！」但隨即話鋒一轉，Adam 長嘆一口氣，「原本只是想讓他們學個英文，但越待著，越覺得國內環境跟那沒得比，也

就這樣住下來了⋯⋯」

「澳洲我這幾年去了不下二十次，別的不說，單是水和空氣，這是在北京花錢也買不到的。」

Adam 的話如同暮鼓晨鐘，把已經有七八分酒意的我猛然打醒，開始思索這個問題。

我來北京工作，最一開始當然是為了和 Anne 的關係可以穩定下來，但穩定下來之後呢？

我打算在這裡工作幾年？五年？十年？還是更久？

如果持續在北京工作，是不是也要在這裡娶妻生子？我的小孩呢？是不是也要在這樣的環境下長大？

如果我身邊這些財富水準在前百分之一（甚至前萬分之一）的同事，都不打算在北京養育妻小，那我呢？

剛好那陣子，北京的霧霾特別嚴重，我以前讀武俠小說，古人會因為孩子出生時，天空正巧布滿七彩雲霓，而把小孩取叫「天虹」或「采霓」；那如果我的孩子在北京出生，照這邏輯，是不是也該取名叫「灰灰」或「濛濛」？

「濛你大頭啦！油條趕快撈起來吃啦！」坐在麻辣鍋對面的 Anne 試圖把我打醒。

但我的顧慮，其實還包含另一層面。

我和 Anne 兩個人都在私募基金工作，雙薪的收入不論在北京或台北，應該都算是頗為豐厚。可如果我們兩人繼續

五年十年這樣做下去，未來的薪水可能越來越高，離開北京面對的機會成本亦與日俱增。

換句話說，越晚離開北京，要走的機會成本將與日俱增，轉換職涯的難度只會越來越大。。

但要我們立刻放下目前的工作，卻也非常為難；更何況，我們只是對「北京」的生活環境存在疑慮，但本職的工作內容我們都還算滿意，我也正在私募基金領域學習成長中，還想在北京這個國際性城市歷練久一點。

「你先別想那麼多吧！我們就先好好工作存錢，等到可以換工作的契機出現的時候，再來好好討論！」

沒想到，所謂的契機，在幾個月後就出現了！

國際之男碎碎念

後來去了美國以後，發現海外的中國人真的好多啊！而且許多都是身家背景雄厚的。那……留在中國的是怎樣？

北京遇見西雅圖

我以為只是來旅遊，沒想到是移居前的實地訪查！

那年跨年，我與 Anne 安排了一趟溫哥華旅程。

別誤會，沒人懷孕。

北京工作的強度高、節奏快，國定假日也少，扣除十一長假以外，幾乎沒什麼可以連續放的假期。而對投資業來說，十二月到農曆年前也是傳統上的淡季，使得我們在北京的跨年，幾乎都在海外度過。

前一年去了東京，體驗到日本跨年期間的人潮洶湧——最恐怖是也有一大部分人是從中國來的，有種「換個地方繼續待北京」的錯覺。

因此這年，我跟 Anne 想要去個稍微遠一點的地方，加上加拿大航空（Air Canada）剛好在促銷機票，從北京直飛溫哥華只要新台幣一萬出頭，這趟旅程就這麼定了。

「我還想去西雅圖！」Anne 指著 Google Maps 上溫哥

華近距離下方的一個點這麼說。

「怎麼去？」

「有灰狗巴士可以搭，車程大概兩小時以內搞定。」

「『飛』狗巴士喔？很會飛嗎？有統聯那麼會飛嗎？」

「……去不去啦！」

「好啦！去去去！」

就這樣，跨年旅程就這麼定了。

我們在十二月二十九日抵達溫哥華後，休息一個晚上，十二月三十日下午就出發前往西雅圖，並在西雅圖跨年，直到一月三日才搭車回溫哥華。

「西雅圖有什麼好玩啊？」在那之前，我大概去了美國五次左右，但西雅圖一次也沒去過，也對這個美國西北角最大城市非常陌生。

除了「下雨」、「西雅圖超音速」、「星巴克」、「北京遇上西雅圖」這類觀光客資訊以外，我對西雅圖一無所知。

啊！還有《西雅圖夜未眠》啦！

「那又是你那個年代的什麼東西嗎？」Anne 吐槽。

哼！這個連《鐵達尼號》院線片都沒看過的小屁孩，哪懂得《西雅圖夜未眠》的淒美啊！

暫且放下世代隔閡，我跟 Anne 開始規劃景點，並開始期待這趟「西北假期」的來臨。

開始研究西雅圖後，我才發現這個城市的特殊之處。

首先，西雅圖其實是全美知名的科技及產業重鎮。除了星巴克（Starbucks）總部設在西雅圖以外，微軟（Microsoft）、亞馬遜（Amazon）、知名百貨 Nordstrom、全美三大電信之一 T-Mobile 及航空巨擘波音（Boeing）的總部都設址於此。而上述五間公司的市值加總直逼五兆美元，大約是台灣七年的 GDP 總產值！

其次，因為其物價及人事成本略低於加州，因此如蘋果、臉書（Facebook）、Google、Dropbox 等科技大廠即便總部位於舊金山或矽谷（Silicon Valley），但仍在西雅圖設立分公司。

綜合上述因素，使西雅圖就業強勁，且高薪的科技人才帶動周邊房價快速上漲，整體建設也快速發展。

以西雅圖東邊國王郡（King County）的城鎮貝爾維爾（Bellevue）而言，早年還是一片荒地，但後期城市建設完成後，快速發展成房價不遜於西雅圖市區的高級衛星市鎮。據西雅圖當地人說，早年在貝爾維爾投資地產的建商，後來的獲利可能高達十倍以上！

撇除這些，我最喜歡的是西雅圖的氣候。

我們造訪西雅圖的時間點是跨年期間，寒冷是在意料之內的事情。但是等我們真正抵達當地時，發現並不如北京那樣猛烈的乾冷，也沒有朔朔寒風往我們臉上招呼。即便美國

人普遍認為西雅圖多雨，但真正到當地才發現：其實降雨頻率也就跟台灣北部的冬季差不多而已。

但偶爾放晴的時候，西雅圖高緯度的藍天，清透得彷彿高山湖水懸掛於空，微涼空氣中透著清新，更美好的是，從我們住的市區往郊外移動，半小時內即可接觸到森林或湖海。

「在北京的半小時，大概只夠從朝陽公園移動到朝陽門吧！」我如此自嘲。

「那要看你是什麼時間搭的車！」Anne 比我更狠。

總之，那趟旅程，西雅圖在我跟 Anne 心中，都留下頗為美好的印象。可能是被囚禁在北京的人工繁華太久太悶，西雅圖的自然素雅，形成了強烈的對比。

但就算再怎麼美好，也只是一趟旅程。假期結束，仍有生活要面對。我和 Anne 各自回到工作崗位，繼續每天朝九晚五的搬磚生活。

緊接著是農曆春節，我和 Anne 各自回到原生家庭團聚，雙方父母也很有默契地在過年期間逮住我們，好好逼問了一下我們目前交往的「進度」以及對未來的想法。

Anne 比我小了八歲，結婚這件事對她而言並不著急；但既然我們有共識彼此攜手到老，迫於壓力、喔我是說關心，我們還是認真討論了一下未來的規劃。

聊來聊去，話題怎麼都繞不出北京這個困局：要結婚，就不想繼續住在北京，更不認為北京是一個適合長期養育我們下一代的環境；但要「脫北」，卻沒有下一步計畫。

回台灣？我跟 Anne 目前的薪資直接對折。要做多久才能重新賺回目前的薪資？更遑論台灣的私募基金市場，規模也許不到北京的十分之一。

我甚至趁出差期間，與在香港或新加坡的金融同業打聽，是否有轉職的可能？但多數人的回應幾乎都是：「你現在的工作很好啊！為什麼要換工作呢？」

只有一位香港銀行業的前輩，聽完我的考量之後，很直接地說：「我覺得，你們台灣人，各方面都很優秀；但唯一可惜的是，台灣人普遍英文能力不是很好。」

「而這會成為你們在香港或新加坡求職的最大障礙。」

就在我準備要放棄的時候，某個週末，我父親因為來北京出差，順便約了我吃飯。

「你跟 Anne 怎麼打算？」兩個男人吃飯已經夠尷尬了，還硬要尬聊，話題就會變這樣。

「沒怎麼打算啊，現階段要換工作好像很困難！」

「但你們也不可能一直定居在北京吧！」

「我自己會看著辦啦！」好煩喔，怎麼主餐還不趕快上一上啊！

老爸忽然雙眉一軒，「你為什麼一定要先找到工作後，

才能離開北京呢？」

「蛤？」老爸喝醉了嗎？我沒點酒啊！

「不工作要幹嘛啊？我都快三十五歲了耶！難不成回去念書嗎？」

「念書也可以啊！」老爸氣定神閒地說，反倒是我差點跳起來！

「蛤蛤？念書？」我想先叫店經理出來，問看看老爸面前那杯到底是什麼。

「對啊，去美國念個碩士、把英文練好之後，再回來吧！」老爸舉起杯子一飲而盡，這下到底喝了什麼這麼嗨，死無對證了。

喝完之後還不忘補一句：「啊你不是說你很喜歡西雅圖嗎？就去那念啊！」

「不要瘋了啦！哪有可能說去就去！」

這句話說完後六個月，我扛著兩個行李箱，帶著我的貓，開始我西雅圖的嶄新生活。

國際之男碎碎念

帶貓登機的過程也好波折。我本來計畫帶貓坐高鐵去上海搭飛機，結果中國的高鐵不能帶貓，我只好坐一千多公里的「滴滴打車」，從北京一路坐到上海！

西雅圖新創大進擊

SEATTLE

美國西岸的懶散態度

肚子餓千萬不要去餐廳

　　畫風丕變，我就這樣跨越近萬公里的太平洋，從北京來到西雅圖。

　　現實中的區域轉換可不像綜藝節目那樣，只要蹲下一跳，背景就從萬里長城切換到太空針（Space Needle），中間的過程複雜繁瑣，甚至很多問題，可不是「錢」能解決的。

　　首先，想長居美國，你必須有個身分。而每個身分，有其對應的簽證。

　　比方國際學生想在美國念書，那必須取得學生簽證（一般是 F1）；若是非美國籍想在美國工作，那必須取得工作簽證（一般是 H1B）。即便是去投靠親友或伴侶，也要有依親簽證才能合法居留在美國。

　　換句話說，在取得簽證之前，沒有任何方法可以讓我們展開在美國的新生活。

考量現實的各種情況，我最後選擇聽從父親的建議，以學生身分做為開始。原因很簡單：取得學位後，我會有合法留在美國工作的附帶簽證（OPT），當然前提是，我必須找到工作。

　　和 Anne 討論後，我們很快取得共識：除了美國西岸，不考慮其他地點。

　　「方便請問原因嗎？」留學代辦禮貌地詢問。

　　「因為她怕冷！」我指著坐在身旁的 Anne 的太陽穴這麼說。

　　其實，除了美國西岸宜人的氣候，還有很多原因，讓我們非西岸不可。

　　首先，西岸的華人較多，很現實地說：華人去華人公司求職，還是相對比較容易。既然我們都已經打算展開新生活了，自然要考慮後續的就業問題。

　　其次，西岸畢竟是科技大廠的聚集地，如前篇所述，美國的知名科技大廠總部若不是在加州，就是在西雅圖。如果這些科技大廠持續蓬勃發展，那麼就業市場應該不至於太過凋零。

　　最後——也是最多人問的問題——為什麼以我與 Anne 的金融業背景，卻不考慮紐約呢？

　　現在回想起來，當時離開北京的心情，充滿了一種對大

城市的厭倦感，相較北京或紐約這種繁華大城，我們更想要一個相對閒適的城市安定下來。

此外，就我之前在紐約的旅遊經驗，我擔心若不能取得非常高薪的職位，生活品質恐怕反而會下降——畢竟紐約的高昂物價及險惡治安可是世界有名的。

在到美國之前，就曾有朋友分享：他之前為了省錢，最後選擇了一個月租不到一千美金（是的，你沒看錯，「僅」約三萬新台幣）的租屋處。

結果某次下班，他所住的公寓的巷口，竟然在短短兩小時內發生三起槍擊案，嚇得他最後只好「忍痛」搬家，遷移到月租「僅」一千兩百美金、但每天需花一個半小時通勤的市郊外。

歸納上述的考量，我們鎖定西岸大城市的各個可能學校做申請，並最終在錄取的學校中，選擇了某排名還算可以的大學的西雅圖校區。

（關於留學的考量及畢業後求職的建議，也許足夠另外出一本書了，這邊就先不贅述囉！）

就這樣，開始了我的西雅圖生活。

到任何城市都一樣，一落地，要先填飽肚子。

我到暫居的 Airbnb 放好行李後，信步走在西雅圖市區的第四大道，享受初秋西雅圖的微涼，金黃落葉帶給街道一

種如詩如畫的愜意。

我刻意不看 Google Maps，讓心情決定我想吃什麼。忽然，一間擁有大片落地窗戶的餐廳映入眼簾，我推開門走進去，服務生以一種公式化的熱情招呼我。

我選了一個窗邊座位坐下，看了菜單，再看了酒單，決定利用美國餐廳特有的優惠時段（Happy Hour）享受生蠔，再來杯夏布利（Chablis）白酒調整我的時差。

嗯，一切都是如此的放鬆及美好……

……是不是，連店員都有點太放鬆了？

從我坐下拿到菜單及酒單後大概十分鐘，連杯水都沒有。難不成這是間必須先默背出前三道菜名才能點餐的記憶大考驗餐廳？

各位也許覺得十分鐘不算什麼，建議下次進餐廳坐下後，可以仔細看時間測量一下，就會發現在台灣吃飯——不論是吃米其林三星還是吃開在米其林輪胎及三星手機中間的路邊攤臭豆腐——絕不可能發生讓你坐在位子上空等十分鐘這件事。

再等了一陣子，終於我的水來了，以及我點餐的機會……

「有沒有想喝點什麼？」服務生還是那種公式化的親切。

「我想要單杯的夏布利白葡萄酒，以及……」

「好的，那我先幫你送喝的來。」服務生禮貌但迅速地

截斷我的話後，優雅地飄走。

這一等又是十來分鐘。

終於我的夏布利到了，這回可以點餐了，已經餓到有點發暈的我，除了生蠔又另外點了一個牛肉起司漢堡。

等到我的生蠔終於從海裡被撈起來、牛終於從田野裡牽過來，並且被製作成美味的食物端上桌後，我低頭看看手機——整整已經過了三十五分鐘。

我一度懷疑：這是否是餐廳的策略，讓你餓到不行後，自然會點更多（或是酒會喝更多）。

又或者是：這是對於黃種人的一種歧視？

但我仔細觀察，多數來餐廳吃飯的人都慢悠悠的，即便桌子空蕩蕩的，也就持續聊天或是滑自己手機；比我晚來比我更久的其他客人，好像對這樣的節奏已經習以為常。

不但客人悠哉，餐廳的工作人員也各個都「不疾不徐」。服務生優雅地在餐廳緩慢移動，沒有台灣的餐廳裡可見的那種迅捷快速的身影，開放式廚房裡的大廚，甚至還會放下鍋鏟跟熟客乾杯聊天。

這時我腦中忽然響起那位紐約租房朋友，對於西岸給的評論：

「你要去西岸喔，很好啊，就是比較 laid-back……」

什麼 laid-back（悠閒）！根本就是 lazy（懶散）吧！

這次從「吃」所體驗到的文化衝擊（Cultural Shock），

讓我深深感受到東西方文化有多麼不同。

既不像北京的匆促，也不像日式文化的細膩，更沒有台灣服務的親切，西雅圖的餐飲業服務人員就是讓我感覺非常「做自己」，一副「你餓是你的事，我們有自己的步調喔」的氣氛。

所謂的「美國人比較自我中心」這句話，我在抵達西雅圖不到六小時後，就深刻體會到了。

隔了幾週，等我把租房搞定以後，Anne 飛到西雅圖來跟我會合。放下行李後，Anne 興高采烈地拉著我說：「欸我查了這附近有一間餐廳，走路就會到了喔！我看照片，生蠔好像很不錯……」

「呃，妳現在餓嗎？要不要帶包洋芋片出門？」

國際之男碎碎念

也許西雅圖也有上餐快速的餐廳，但我可能人品不夠好（？）

今天不要上班！天氣很好我要去釣魚！

生活與工作真的能平衡嗎？Part 2

前面提到西雅圖人的悠哉（或懶散），不僅是發生在用餐體驗，辦公室的工作節奏也相對隨興。

特別是西雅圖因為一年大概有一半以上的時間都在陰雨綿綿，或是已經進入相對寒冷的季節，使得若是天空放晴，西雅圖人具備異常堅毅的「放下一切跟著太陽走」的決心。

因此有一個非常有趣的現象是：全年日照天數在全美排在倒數名次的西雅圖，據說卻霸占「售出最多太陽眼鏡的城市」排行榜第一名連續好幾年！

這種另類的「看天吃飯」的現象，Anne 就活生生體驗過好幾次。

我還在美國攻讀碩士的時候，Anne 已經開始工作了，而她的第一份工作，是在一個小型地產投資公司擔任研究

員。扣除兩位在外地負責專案的經理外，公司很常會呈現只有她與老闆的狀況。

又因為她是新進員工，老闆不放心把公司鑰匙交給她，因此若是公司當天只有兩人上班，老闆都會傳簡訊給她，告訴她幾點後再到公司就好，免得要等門。

說個題外話：美國人特別愛傳「簡訊」，不是指透過網路傳遞的通訊軟體如 Line、微信或 FB Messenger 上傳的那種訊息喔，而是在智慧手機發明前、由手機門號發出的那種最傳統簡訊。

據說蘋果手機就是因為這樣，才發明了 iMessage 的功能，讓蘋果手機使用者可以不須付費的靠網路傳送傳統簡訊。這也解開了我以前在亞洲時的疑惑：「到底誰會用到 iMessage 的功能啊？」

至於美國人為什麼這麼愛用傳統簡訊，這個謎我到現在都還沒有解開。

說回 Anne 的工作。

因為配合老闆的上班時間，Anne 上班時間都蠻晚的，大概都九點鐘再出門就可以，一度還被我調侃說：「唔、高階主管喔！」

晚上班就算了，老闆本人也常常中午時間就下班回家，導致 Anne 也必須「只能」上半天班就回家，把留守在家的我跟貓嚇一大跳。

「是怎樣？家裡的飯比較香喔？」

「老闆要離開公司啦，所以就把我趕回家啦！」

「是喔，那妳要繼續處理公事嗎？」

「好像也還好耶，沒什麼特別要做的。」

然後 Anne 就開始準備午餐、吃午餐、吃飽倒在沙發耍廢、做做瑜珈、喝杯下午茶，然後隔沒多久又開始問：「欸阿晚餐要吃什麼？」

「挖！妳是真的沒在上班欸！」我真心佩服，「妳這樣等於一天上班不到三個小時吧！」

「少囉嗦啦！就問你晚餐要吃什麼！」

本以為上班三小時已經是「爽」的極限了，沒想到，爽還有更爽的。

某天，Anne 出門上班後，我倒在沙發利用時差看著台灣的晚間綜藝影片癡癡傻笑，忽然門打開，Anne 回來了。

「手機又忘記帶齁？」

「不是，」Anne 也一臉困惑，「老闆叫我今天不用去上班了！」

「挖！妳被炒了喔！也太快了吧！」

「不是啦！他是說『今天』不用去上班！明天還是要去！」

「那為什麼今天不用去？」

「他說因為今天天氣很好，他要去釣魚。」Anne 邊說邊拿手機裡的簡訊給我看。

「蛤？」挖靠，還真的咧！也太隨興了吧！

從那之後，Anne 又陸續碰到了至少五次左右的「臨時不用上班通知」，理由包含「我兒子今天戶外教學」（那干你屁事？）、「我的帆船今天要維修」（所以你也要進廠維修？）或是「今天太濕冷了，我有點不想動」（……你不是西雅圖人嗎？）之類各種五花八門的理由。

總之就是可以感覺到，「上班」這件事，在這位老闆的生命中，排序非常不重要。

這跟我們台灣人對工作「犧牲奉獻」的精神，呈現強烈的對比，就更不用提在北京時慢跑到一半被叫回家的「慘況」了。

這也讓我非常好奇：究竟西雅圖人憑什麼可以這麼懶散呢？

「也不是懶散啦。」在亞馬遜賣肝的工程師 Allen 這麼說，「就我覺得，美國老闆比較不注重形式，你事情做完就好了，你不在座位上老闆也不會在意。」

「這倒是真的，因為老闆自己也不在辦公室啊哈哈哈哈。」Dropbox 工作的 Tina 這麼說。在據稱西雅圖最豪華員工餐的 Dropbox 上班，Tina 之前說公司冰箱裡甚至免費供

應啤酒。

「但沒用啊，我又不喝啤酒。」Tina 抱怨。

「妳還挑啊！」所有人群起撻伐。

「我覺得另外一個差別是：美國的市場大，所以如果是賺錢的企業，不論大小，都會非常授權員工。」總是說自己在 Google 養老的 Darren 這麼說，「因為即使養一些米蟲，公司照樣還是可以很賺錢。」

「你說米蟲，比方你自己嗎？」輪到 Tina 嗆人了。

「欸放尊重一點喔！」Darren 怒斥後，拍拍自己肥沃的小腹，「我要也是肥貓，誰跟你米蟲！」

「但我覺得好像也不是公司賺不賺錢的關係耶，因為美系的公司，不賺錢的也很放任員工；反觀中資的公司，即使很賺錢，也只是繼續壓榨員工啊……」Elsa 不愧是在 JP Morgan 工作的分析師，一針見血地指出差異。

「我認為對美國人來說，工作只是生活的一部分，而生活有很多部分，包含家庭啦、個人的興趣啦，甚至想發展自己的小小副業，有些公司並不會明文禁止。」Elsa 繼續說，連嘻皮笑臉的 Darren 也停下吃洋芋片的動作。

「而且這些人，因為從基層的時候，就是這樣被對待、被尊重，所以當他們自己當上主管以後，也會同樣尊重部屬，就形成一種良性循環。」

我恍然大悟。

「所以台灣的奴工們，因為在基層的時候就持續被壓榨，所以到當上主管媳婦熬成婆後，也就會繼續壓榨底下的人囉？」

　　「倒也不一定是存心壓榨吧，只是公司就會自動延續著一種『員工必須為公司賣命』的文化。」Elsa 反問我，「所以你們以前在北京的時候，工作壓力真的都很大嗎？」

　　於是我分享了週五晚上開會的案例，所有人瞪大眼睛，彷彿在看什麼珍禽異獸。

　　「這還不是最誇張的呢，有一次 Anne 和我在朝陽公園跑步的時候，老闆打電話來說……」

　　「告他！」所有人一起大叫。

國際之男碎碎念

我反問 Anne：「妳怎麼不跟妳老闆說：『不要釣了！趕快上班！』」

花八個小時釣鮭魚然後再放回海裡

從海釣看生態保育及法治精神

　　說到告人，台灣人可能會對美國人存在一種刻板印象是：「美國人動不動就愛告別人」；畢竟我們從小看的美劇或電影，真的是一天到晚在告來告去。即便真實世界裡，好萊塢的電影明星或 NBA 的超級球星也是一天到晚在打離婚官司，使得「美國人＝愛告人」這個公式似乎是得以成立的。

　　但實際在美國生活後，我發現「告不告人」是另一回事，但美國人確實對於規則及法律重視的程度，以及任何一個人對於自身權益主動爭取的積極性，遠遠超乎我的想像。

　　比方說，停車這回事。

　　在美國開過車的人應該都有以下經驗：美國的路邊停車收費，是採取預付制。相較於台灣的「先停車、後登記、再

付款」流程，美國則是一停好車之後，就要立刻動手付費，至於要付多少錢，則自己判斷預計會停多久。

「所以都不會有人停了然後不付錢嗎？」我厚著臉皮問。

「你都停了，為什麼不付錢？」自稱是肥貓的 Darren 一臉困惑。

「你不付試試看啊！抓到多罰十倍喔！」Emily 是個愛恨分明的直接女子，簡單粗暴地把罰款端出來嚇唬我！

這種高度自治的文化，我認為除了公民素質以外，其實也傳達出了美國人對於規則的重視程度，帶有一種「要嘛我遵守遊戲規則，要嘛我不要玩這遊戲」的意味。

但對於「客家」如我的台灣人來說，當然是能付少點就付少點，所以我每次都把停車時間抓得剛剛好，直到剩兩分鐘要超時了，我才趕快用手機 App 再多付半小時停車。

想當然耳，這種「偷雞摸狗」的停車策略總有出問題的時候。有好幾次，我本想著時間應該足夠，但可能是下樓時電梯等比較久，或是忽然來了電話忘記時間，就有發生超時的情況。

某次，大概超時三分鐘左右我才回到停車格，立刻就看到擋風玻璃上已經夾好一張罰單了。

Emily 騙我，什麼罰十倍，明明就是十五倍！

我上網搜尋了停車罰單的相關訊息，赫然發現有很多

人跟我有同樣的情況；更驚人的是，許多人還分享了去法院「陳情」並且成功取消罰單的經驗。

挖賽！不愧是協商大國，連罰單都可以協商的嗎？

雖然明知是我自己理虧超過三分鐘，但因為十五倍罰單實在太驚人，加上我對於體驗美國法院也很感興趣，所以就厚著臉皮照網上的說明，跟法院約了陳情的時間。

在我預約的時間抵達法院後，幾乎沒有等待，我就見到了法官。

在我原本的想像，是法官會高高坐在法庭的椅子上，然後我的對面站著開我罰單的交通警察，雙方怒氣沖沖地一番激辯後，我成功取得勝利，交通警察則一臉喪氣地離開法庭……

嘿嘿嘿嘿嘿嘿……

「先生？先生？這邊請進！」法院工作人員把我從我的幻想中叫醒，我整理了一下特別穿上的西裝及衣袖，緩緩推開門……

呃，我只看到一個大約四坪大的辦公室，一位白髮老奶奶慈祥地坐在電腦桌前面，邊拿著一個看起來年代久遠的馬克杯喝咖啡。

庭上，我要抗議！這跟我想像的差太多了吧！

「午安，請坐！」老奶奶和氣地招呼我，反倒讓我更心

虛了。

「讓我來看看你的案子……喔，停車超時未繳費是嗎？」

「對……啊……」來都來了，我只好硬著頭皮講當時的情況，秀出我真的只超過三分鐘的證據，然後再加油添醋地說一堆，像是當時戶外是多麼狂風暴雨，但我是多麼不畏風雨著急地趕到車邊為了繳費，然後真的就只差那三分鐘……

「對啊，他們真的應該多給你一些時間，就只差一點點時間嘛！」老奶奶出聲表示認同。

嗯？認同？

「這麼說……」我還處在受寵若驚的狀態。

「沒問題，我會幫你豁免掉你的罰單！」老奶奶乾脆地說，「祝你有個美好的一天！」

幸福來得太突然，我反而沒什麼真實感。

「這不會太容易就答應了嗎？」我把 Emily 抓回來問，「而且這麼小的事情也可以上法院喔？這樣法官不會很忙嗎？」

「煩不煩啊！你都成功了，不然把錢給我啊！」Emily 怒吼。

「錢沒有，倒是剛剛路邊亞馬遜在發的香蕉可以分妳一根！」美國的大企業超級常在路邊發食物的，看來要在西雅圖餓死，困難度很高。

「去法院陳情本來就是你的權益。」被餵食後的 Emily 稍微和顏悅色一點，「所以你去爭取你的權益，天經地義，沒有金額大小之分。」

　　「更何況，」說到這 Emily 換個眼神打量我，「在這個城市，多數人的自律及法治精神都還不錯，所以如果去陳情，法官不會去揣測『這個人只是想省錢』，而多半會採取信任原則……」

　　「欸！說得好像我只是為了想省錢一樣！」

　　但沒錯，我是……

　　所以可以說，我的這次「陳情成功」，是多虧了多數美國市民良好的自律及法治精神，才使法官有相對寬容的判決。

　　而說到自律及法治，西雅圖展現給我看的另一個範例，是在生態保育這一塊。

　　據西雅圖當地的居民說：美國大西北區自古富饒，背靠高山，面向海洋，雨水充足，因此不論是耕種或捕獵，資源都非常充足。這也給了西北區居民更大的餘裕，去學習與自然共存。

　　這樣的精神一直延續到現代，不但多數人非常注重環境保育，連帶也使相關的法令規範鉅細靡遺，建構出一套完整的生態保育系統。

某個夏天，某位港裔美國籍朋友邀請 Anne 去海釣鮭魚，我們兩個雖然完全沒經驗，但覺得海釣聽起來就很新奇，當天一早就在海港邊集合。

　　上船前，Anne 的朋友問我們：「你們應該還沒填聲明書吧？」

　　「啥聲明書？」

　　於是 Anne 的朋友把兩份文件遞給我們。喔喔喔，原來釣魚還要先填聲明書喔！

　　聲明書上密密麻麻寫了大概快二十點，甚至還畫有一些魚的圖案，Anne 像小學生準備月考一樣認真地一行一行讀，我則利用五秒找到簽名處快速簽字後，就跑去探索釣船了。

　　我們當天要釣的是國王鮭魚（King Salmon），每年只有七月的某幾天可以捕釣，簡直比賞櫻的時段還要難得。

　　「那其他時間要釣什麼？」我問。

　　「粉紅鮭魚啊，螃蟹啊，其他還有很多。」喔喔喔，原來不是非釣國王鮭魚不可喔！

　　那天朗日當空，在西雅圖算是難得的好天氣（Anne 的老闆會不上班的那種），但即便是在七月的「盛夏」，也只有大約攝氏二十二度左右，在海邊算是微涼的氣溫。並且，真正坐船出海之後，強烈的海風吹拂，體感溫度更加寒冷，還是讓我與 Anne 這兩個「新手」有點無力招架。

「我覺得這樣吹一天下來，我頭會裂開。」Anne 說。

「我覺得再等一小時都沒有魚，我會先無聊到屁股裂開。」我說。

結果，何止一小時，我們後來又在海上漂了六小時！

「這邊真的有魚嗎？」

「今天好像比較不順耶……」Anne 的朋友看我們一臉絕望，略帶歉意地說。

「有了！」負責顧釣魚竿的另一位朋友，忽然歡呼！

我和 Anne 興奮地從座椅上跳起來，互相交換比兒子考上醫學院還要更欣慰的眼神，想著同一件事情：「從早上九點到下午五點持續不斷地被太平洋海風狂吹，吹到人都傻了，總算有著落了！」

我們衝到船尾去看，大夥正在小心翼翼地把釣魚線捲上來，然後把鮭魚往甲板上丟。鮭魚很有活力地持續彈跳，我都還沒看到魚的全身，就先聽到顧魚竿的朋友發出一聲哀號：「Oh！ Gosh！ Fin！ The fin！」

「美國也有賣 Fin 喔？那舒跑有賣嗎？」這麼神奇，我以為他們都喝開特力（Gatorade）。

Anne 白了我一眼，「他是說魚鰭啦！」

「魚鰭怎麼了？」

「我怎麼知道？」

這時，Anne 的友人轉頭過來向我們解釋：「魚鰭沒有剪

過的痕跡，表示這不是魚苗培育出來的鮭魚。」

「意思是……？」

「意思是，這是野生的鮭魚！」我有時候都有點擔心，Anne 的朋友會不會懷疑在亞洲做私募基金的人，智商都不是很高？

不是這樣喔！只是我比較低而已！

「野生的，所以會特別好吃嗎？」Anne 兩顆眼睛已經變成鮭魚卵的形狀了。

「剛好相反，因為是野生的，所以要把它放回去！」Anne 的朋友語氣無奈但堅定地說。

而我和 Anne 的表情，瞬間垮成「以為兒子考上醫學系、仔細看後才發現准考證號碼差了一號」的父母那樣欲哭無淚。

當要把鮭魚放回海裡的時候，所有人聚在船尾，像是準備把敬愛的爺爺海葬一樣感傷，又像是一群荊軻正要一起過易水那樣的悲壯。

「好好游走啊！別再被釣起來囉！」我在心裡無聲地對這尾「大難不死」的鮭魚吶喊。

也許是上天垂憐，又或是放回野生鮭魚後人品爆發，我們這艘船在接下來的一個小時內連續釣上兩條國王鮭魚使我們不必空手而回，最終，我和 Anne 乘載著滿滿的頭暈及對西雅圖當地人崇高的保育精神，返回港口。

坦白說，在四下無人的外海，釣上來的魚往冰桶一放，沒有人會知道裡面裝的鮭魚，魚鰭是剪過還是沒剪過。但與我們同船的所有其他人，看到是野生鮭魚後沒有一絲猶豫，就立即準備把野生鮭魚放生的反應，讓我真心感到佩服。

　　回程路上，我看著逐漸下沉的夕陽，映照著西雅圖美麗的海岸線，第一次覺得從小看到大的「生態保育」、「與大自然共存」這些話，不再只是課本上的口號而已。

國際之男碎碎念

後來我們自己做了國王鮭魚親子丼飯，真的好好吃喔！

「你休假要做什麼？」

這位雇主，你準備被告了！

　　關於美國人的另一個刻板印象，就是「好像都很注重隱私」。但在實際在美國生活之前，我無法想像美國人對於隱私權重視到什麼程度。然而，隨著我的碩士學位離我越來越近，我越發現美國社會對於隱私權的重視，也體現在求職及職場中。

　　然後我更進一步發現：所謂的重視隱私權，其實只是美國社會重視個體權益的其中一個表現方式。實際上，美國社會對於個體權益的重視及保護還表現在很多其他面向，並且不遺餘力地推動各種制度，為的是盡可能公平的保障每個人的基本權利。

　　舉例來說，美國的履歷表非常「素」，不但不能放照片，甚至連性別、年紀及家裡地址都不能揭露，更不用提什麼父母姓名及父母職業這種祖宗八代的身家調查了。

「那到底可以放什麼？」我傻眼。

「你的名字、email 跟手機號碼。」Kirk 是求職界的「大學長」，據說已經手握亞馬遜、微軟跟臉書三間公司的 Offer Letter 了。

「不能放照片或性別我大概還可以理解，那為什麼不能放年紀？」

「為了避免歧視。」

「所以不放家裡地址也是為了避免歧視？」

「對，因為許多公司會給新受雇員工搬家費用，所以為了避免這些公司因為不想支付搬家費用而歧視住比較遠或外州的人，因此禁止在履歷表上放個人地址。」Kirk 很有耐心地解釋。

乍聽之下，有點匪夷所思，但直到我開始找工作以後，才發現這一點不假。在西雅圖找工作時，如果對方是美商公司，要求履歷表上的個人資訊真的就只需要名字、email 跟手機號碼；反觀若是丟履歷到台資的公司，我偶爾還會接到對方電話被追問：「你的年紀跟住址是？」

甚至我之前去某金控面試時，還被面試主管詢問：「你看起來蠻年輕的，近期有結婚的考量嗎？」

「這跟工作有關嗎？」我傻眼，對方卻笑而不語。

「面試主管男的女的？」Anne 聽我說這段故事時，突發奇問。

「女的……這跟她問什麼有關嗎？」

「搞不好人家對你有意思啊！」

「你這樣說就過分了！」我嚴正駁斥，「男主管也很可能對我有意思啊！」

　　與美國呈現明顯對比的是：在北京，如果女生已經到了適婚年齡，但還未婚或未有小孩，則會面臨肉眼可見的求職歧視。問婚期不但是必考題，甚至有的面試人員會赤裸裸地直接詢問：「有預計什麼時候生小孩嗎？」、「近期有懷孕的打算嗎？」

　　之前我任職的私募基金，就有位女同事，每天午餐的話題都是抱怨她的主管，而她的主管也確實是位惡婆婆般的存在。

　　「那妳就另外再找工作嘛！」某天，在她又滿心憤慨地抱怨後，我這樣勸她。

　　「唉你不懂啦！『三十歲無娃婦女』，根本是求職場上的低端人口！」她語帶絕望地說。

　　這樣比起來，美國確實更保障求職者的基本權益──至少我在西雅圖的求職經驗是如此。

　　除了找工作，「請假」也是一個明顯看出美國與亞洲職場文化差異巨大的地方。

我之前在台北外商銀行工作時，公司請假的風氣相對開放，甚至如果到下半年當年度的年假還沒休幾天，人資經理甚至會來關心一下「是不是工作上出了什麼狀況？」。因為在外商的企業文化裡，「休假」是天經地義的事，如果一年都過了大半了還沒辦法給自己一些假期，反而會讓人擔心是不是工作上力有未逮，又或是所屬部門出了什麼狀況。

　　而我在那段時期，也不止一次聽到其他台資銀行的朋友說出類似「蛤～你們請假好自由喔！很好耶！哪像我們都要遮遮掩掩」的話。

　　我當時覺得「這不是很正常嗎？」，但直到我前往北京之後，才終於體認到什麼叫做「遮遮掩掩的請假」。

　　我剛去沒一個禮拜，負責帶我的資深同事有事需要請假兩天，午餐時間就聽她和其他同事沙盤推演請假理由，認真程度不下於共軍侵台的兵推演練。

　　等她正式去請假時，我只聽到各種五彩繽紛的理由，大概祖宗八代都被搬出來後，才換來她主管微笑點頭。

　　「太扯了吧？」我自覺沒辦法做到這種程度。

　　因為我的直屬主管位置懸缺，因此我是直接向總經理Lionel 報告，想請假也是直接向 Lionel 告假。在北京的那段期間，因為霧霾加上氣候不是太熱就是太冷，因此我跟Anne 三天兩頭就跑出國玩。

　　就在某次，我訂好以色列的行程，並向 Lionel 請了六天

的假後，Lionel 微笑地看著我說：「我知道你工作表現沒有問題，但可能要請你之後請假稍微控制一下。」

「控制？」我一時無法理解。請假是某種晶片製程需要控制嗎？

「就是……也要注意一下別的同事的觀感，以及體諒一下其他主管的難處。」Lionel 很委婉地說。

霎那間我明白了。

因為我「肆無忌憚」地請假，會讓其他有假不敢請的同事心理不平衡；因為 Lionel 對我的假單來者不拒，使得其他主管也心生壓力、擔心自己底下的人會群起效尤。

原來，過去我那些台資銀行朋友說的是這麼一回事。

因為企業不願保障員工自由休假的執行權利（即便是勞基法規定的假期），所以員工們只好用一種「囚犯困境」的心態，讓所有人都對請假這回事噤若寒蟬。

到西雅圖後，某次，我跟自稱肥貓的 Darren 聊到這件事。

「喔，但你知道嗎，在華盛頓州啊……」Darren 慢悠悠地說，「如果你送出假單後，主管多問一句『你為什麼請假』，是有可能吃上官司的喔！」

「蛤？被誰告？」

「那還用說，員工啊！」

「所以你的意思是說，請假主管不能問理由？」

「對啊，而且一般主管也不會問；除非他事先知道你有什麼特殊狀況，頂多會問一句『需不需要什麼幫忙？』」這簡直比我之前在外商還要更自由、也更尊重員工的權益。

「那萬一我說『需要』呢？」我問。

「那他們就會認真地想辦法幫你啊！」Darren 很真誠地說。

我不自禁地又想起，我和 Anne 假日在朝陽公園慢跑時，被老闆叫回家查數據那件事。

我想，對絕大多數亞洲勞工來說，「休假日老闆不要來聯繫我」，就是最大的幫助了吧！

國際之男碎碎念

其實我一直覺得：成功的企業或組織，要讓員工有隨時休假的自由，而公司運轉仍能順利如常，才算得上具備良好的管理！

大麻隨你抽！

從大麻合法化看美國式家庭教育

　　整個北美洲西海岸——從溫哥華、西雅圖（華盛頓州）、波特蘭（奧勒岡州）、舊金山、L.A.到聖地牙哥（加州），大麻都是合法的。

　　換句話說，只要到了可以合法喝酒的年紀，也就可以合法抽大麻了。

　　題外話，美國合法的喝酒年齡是二十一歲，而且普遍美國人對這個禁令非常認真看待，我曾在八人聚會的餐桌上，麻煩一位就讀高中的孩子幫我把遠在餐桌另一端的啤酒傳過來，結果對方的父親一臉嚴肅地說：「抱歉，他不能摸。」

　　也因此，像是 NBA 等美國職業活動，奪冠之後傳統會有噴香檳的儀式，這時候，若你仔細觀察鏡頭，總會有幾個球員很「邊緣」地站在旁邊，一臉尷尬地拿著果汁或可樂想噴隊友又噴不出來——那些就是未滿二十一歲的「未成年人」。

說回大麻。

相較於台灣將大麻與其相關製品列為「第二級毒品」，與安非他命、鴉片列為同等程度的毒品，管制的程度及相應的罰則比 K 他命或 FM2 更嚴格，美國開放大麻使用的歷史則相對淵遠流長。

早在一九三七年，美國就推出過聯邦層級的大麻稅法（Marihuana Tax Act of 1937），雖然該法案名為「稅法」，但裡面有許多內容是關於大麻使用方式的管制。但不論如何，美國早在當時就存在「如何管理大麻」的立法層面措施。

中間雖然歷經長期「打壓」，大麻在美國也一度被「毒品化」，但直到一九九六年，加州通過「215 法案（Proposition 215）」，正式將醫療用大麻合法化。

二〇一二年，華盛頓州與科羅拉多州（Colorado State）也通過娛樂用大麻合法化。後續像加州、奧勒岡州也通過娛樂用大麻合法化後，就成了我到美國時所看到的，可以從加拿大溫哥華一路「哈」兩千多公里到聖地牙哥的「大麻絲路」。（據說還真的有些美國年輕人會趁成年後安排這種瘋狂的行車路線，但非常危險，還是請注意行車平安。）

不過這篇不是要科普大麻演進史，更不是要宣揚大麻除罪化，我真正感興趣的地方在於：這些大麻合法州的父母們，是怎麼教育子女看待「抽大麻」這件事。

我在西雅圖的時候，某些街道上就有大麻商店，與我們傳統印象中販賣毒品的陰森黑暗完全不同，這些大麻商店往往會裝潢得五顏六色，我甚至看過不懂事的孩童當成是糖果屋吵著要進去。

　　這因此激起我的好奇心：面對合法的大麻，美國父母要怎麼要教育子女呢？還是告訴他們大麻的害處？或是用其他手段遏止子女們對大麻的好奇？

　　結果出乎我預料地：在我詢問的西雅圖本地人中，他們的父母多半是不禁止也不鼓勵抽大麻。

　　換句話說就是，「讓子女自己做決定」。

　　「Well，我知道那合法啊，但我不喜歡那個味道！」熱愛爬山的 Emily 口氣冷淡地說。

　　「Hmm……可是妳菸抽很凶欸！」

　　「菸抽很凶又不代表我抽大麻，我喜歡甜味的涼菸啊！大麻又不甜，臭死了！」Emily 努力捍衛涼菸，一副認為「你竟敢把神聖的涼菸跟臭兮兮的大麻混為一談」的表情。

　　「所以妳沒抽過？」我不死心。

　　「抽過啊！」Emily 倒是承認得很爽快。

　　「那結果？」

　　「喔……你是要問我有沒有『升天』（get high）嗎？」

　　「對啊對啊！」

　　「就……跟喝醉酒差不多啦！但總之，我沒特別喜歡那

個味道！」

　　不是身體健康著想或道德因素，純粹是因為「不喜歡味道」所以「不抽大麻」，應該是我聽過最有個性的回答了吧！

　　沒想到，同樣有個性的人還很多。

　　「會抽啦，但要 party 上有人帶，大麻店離我家太遠了，懶得去！」這算是因為不夠「腳勤」而不抽大麻的案例。

　　「大學的時候有抽過，現在年紀大了，一抽就犯睏，睡下去半夜又睡不著，就不抽了！」這則是上了年紀、體力不支的遠離大麻範本。

　　聽過最酷的答案是：「我有次抽完後跟我女友做，做到一半她的臉變成另一個女生的樣子……」高大酷帥的拉丁裔男孩 Jacob 描述這段時一臉苦悶，我猜後續肯定沒好事。

　　「那不是很棒嗎？雙重享受欸！」我嘻嘻笑。

　　「如果只有臉變，那真的很棒……」挖靠，你也太老實了吧！

　　「但我就因為這樣，叫了另一個人的名字……」Jacob 說完雙手掩面。

　　喔……

　　「等等，不對啊……叫錯名字這種事，敷衍過去不就好啦？」

　　「但我叫錯的那個名字，是她妹妹的小名……」

那次之後，Jacob 就戒大麻了。

總之，透過我很隨便的田野調查得知：即便是在大麻合法化的地方，也不是每個人都會跑去狂吸大麻不止。多數人還是會有自己的判斷能力。

更進一步地，如果我問他們：「那你們父母會一直耳提面命告誡你們不要抽大麻嗎？」

超過七成的答案是：不會。

對他們來說，大麻與翹課、裸睡、選修美術系甚至晚餐吃什麼一樣，父母給予相對亞洲更高的「自治權」，也就是前面提到的：既不禁止、也不鼓勵，而是要他們自己做決定。

這樣的家庭教育方式，與亞洲的多數家庭大異其趣。就我自己的成長經驗，不論面對什麼議題，父母總是急著「機會教育」，告訴我們「所以要做個堂堂正正的人喔」，或是「不好好念書，以後就會像某某某一樣辛苦喔！」

但是在美國──或在西雅圖──我朋友們的父母相比之下非常少「說教」。透過他們的轉述，他們的父母更傾向於讓孩子自己練習「做決定」，即便那些做錯的決定很可能會帶來某些後果，他們也覺得這是非常合理的成長代價。

這樣家庭環境下長大的小孩，是否就會像 Emily 一樣有主見且愛恨分明呢？未來我自己養育小孩時，究竟該給他無

微不至的照顧，還是充分的授權與信任呢？

我還沒有答案，但至少透過「抽不抽大麻」這個行為的觀察，我發現多數美國人（或西雅圖人）非常具有自己的想法，並不是人云亦云、看別人做什麼就跟風的那種個性。

甚至我還有一位科技宅的朋友 Eden，他父母都是大麻愛好者，但他自己完全不碰大麻。

「他們每次抽完後，廢話就變很多，講話變好大聲，好吵……」Eden 抱著他的二次元美少女抱枕，右腕指揮著滑鼠飛快運行，專心消滅著螢幕上的敵人。

「嗯？但我剛剛進來你家的時候，有在一樓碰到他們，他們都很沉穩安靜的樣子欸！」

「那是因為還沒開始抽……」Eden 還沒說完，他老木的聲音從樓下狂飆上來！

「Eden 哪、落來甲崩溜……」音量巨大不說，口音整個糊到好像含了兩顆茶葉蛋在講話。

「你看吧……」Eden 一臉無奈，把懷裡的二次元美少女抱得更緊了。

國際之男碎碎念

大麻其實與股市或酒店沒什麼不同，都只是社會上的其中一種誘惑。與其掩耳盜鈴、當作這些誘惑不存在，不如更健康地面對它，並且清醒地決定如何利用──或是遠離──這些誘惑。

準備搬家了

五千公里長征！

在前幾篇提過：想要留在美國，不論是什麼身分，最重要的是搞定簽證。

Anne 的工作雖然輕鬆寫意，但一直存在一個隱憂，就是沒有提供工作簽證。沒有提供的原因很簡單：「老闆覺得弄那些東西太麻煩了。」

也是，對一個出太陽就不上班的人來說，花錢還是小事，要讓他去處理申請工作簽證等相關麻煩事，還不如直接要了他的命。

也因此，Anne 打上班的第一天開始，也就是抱著騎驢找馬的心態，持續在尋找新工作。

沒想到，這麼快就讓她找到那匹馬了。

「欸、你過來坐下，我有事情要跟你說。」幹嘛啊，最怕女人這種突如其來地正經發表言論了，就跟老闆忽然找你

說「我們聊一聊」一樣，幾乎都沒好事。

「說吧！幾個月了！」

「三八喔！什麼啦！」靠邀！不是那妳剛才嬌羞個屁啊！

「我是要跟你說……我找到新工作了！而且是願意贊助我工作簽證的喔！」

「真的喔！聽起來很棒啊！是什麼公司啊？怎麼會這麼的識人不明……喔我是說知人善任！」我最終還是屈服在Anne的眼神砲擊之下，勉強改了口。

Anne說出那個公司的名字，是一個做自有品牌的台灣科技公司，在我這個年代的人，幾乎對這個品牌無人不曉；而即便在現在，仍可以在美國各大賣場看到這個牌子的家電。

「那不錯啊！台資公司應該文化也比較接近，雖然以後可能出太陽還是要去上班了……」

「嗯對，但唯一就有一個問題……」

「什麼問題？」又嬌羞，難不成老闆是美國金城武？

「就是……有一點遠」

「多遠？L.A.？達拉斯？挖靠該不會在紐約吧？」我想起住在紐約槍擊區那位朋友，暗暗心驚。

「是在……邁阿密（Miami）！」

「蛤？」

即便以我殘破的國中程度地理知識，也很快地在我腦海中跳出邁阿密的相對位置。

「那不是在最東南角嗎？」

「對啊……」

「這已經不叫『有一點遠』了吧！這應該是美國最遠的距離了吧！」

「不是吧，最遠應該是阿拉斯加（Alaska）到邁阿密吧……」

還真是謝謝妳的指正喔！

其實在 Anne 提出的當下，我確實是有很多不捨的情緒，在第一時間湧現。

西雅圖是我過去幾年來待過最舒心的城市。雖然多雨，但雨後放晴時非常美麗。雖然餐廳服務速度很慢，但我喜歡這種生活步調的緩慢放鬆。雖然多數人很冷漠，但也代表他們會維持人與人之間適當的距離；但在你需要幫助的時候，西雅圖人會立刻放下武裝的冷漠前來協助你。

我在西雅圖市區騎共享單車「Lime Bike」時，有兩次因為地面濕滑而「雷殘」，旁邊的西雅圖人立刻一擁而上關心，或是幫我先把車子移到路邊，甚至還有老奶奶連問了六次「Are you okay？」後才離去。

久而久之，我發現西雅圖人的冷漠，很可能是種與生

俱來的「傲嬌」。他們也許不像某些州的人那樣，在超市結帳也可以跟收銀員大聊祖宗八代，但西雅圖人同樣溫暖而善良，雖然那些善良溫暖平時隱藏在武裝的冷漠面孔之下。

但回過神來，理智告訴，想要留在美國，Anne 還是必須選擇願意提供工作簽證的職位，才是長久之計。

這也是許多在美工作台灣人的辛酸。我身邊許多畢業自名校 MBA 的朋友，最終所選擇的工作，與他們在亞洲所能得到的職位存在一大段落差，原因就是出在簽證。

並且，畢業後取得工作簽證是有時間壓力的，長則三年、最短大約只有十個月，就必須取得雇主支持申請工作簽證，並且抽籤成功，才能取得正式工作簽證並合法留在美國工作。這也是當初在選擇留學地點時，最終我們選擇位於西岸的西雅圖最重要的原因。

只是現在——即便不是孔雀——我們也必須飛往大東南方，展開我們的新生活了。

在美國生活，什麼都要自己來，不然就是要支付高額的費用。考量搬家還有其他開銷，我們選擇了前者。

我甚至去租了小型卡車，然後自己將帶不走的物品利用卡車運進個人倉儲空間，再把剩餘的物品另外裝箱，準備帶去邁阿密。

「這下連卡車技能都解鎖了，未來應該不怕失業了吧！」

我打趣地對 Anne 說。

這句玩笑話的背後，其實就是潛在的辛酸，及對未來的茫然與不確定。如果未來有份工作，願意支持我申請工作簽證，但職位是卡車司機，我是否會接受呢？

想到當年求職時的挫折，以及一度差點步入房仲業，不免對未來覺得有點茫然。

因為到職日的時間壓力，Anne 先我一步飛往邁阿密，找到一個租屋處暫且落腳，我則留下來殿後。我把所有物品扛上休旅車，甚至連黑色星期五（Black Friday）特價買的五十五吋 4K 電視也都裝上車。最後則是我的貓，坐上助手席的位置，與她最愛的一條毛毯相依為命。

她睜大圓眼，略帶不安地看著我。

「把拔要帶妳搬家囉！」我拍拍她的背，示意安撫，「我們一定會很好的。」

我到現在都還記得，我開車離開西雅圖的那天，整個城市被落葉松及楓林果木染成一片金黃，一如我剛到西雅圖時那樣的景色。

我在西雅圖最美的季節，來到這個城市，也在最美的時刻離開她。雖然我們只「相戀」了一年，但這邊帶給我的感動及回憶，以及適應文化差異所滋養我的養分，卻讓我終生難忘。

但即便有再多不捨，此刻我也必須繼續前行。我甚至利用紅燈停車時，拍下西雅圖的美麗金黃街景，對比著一年前初來乍到時同樣黃澄澄一片的街景，正在咀嚼內心的複雜情緒時……

「叩叩叩！」挖靠，這邊馬路正中間，誰敲我車窗？

一抬頭，竟然是交通警察大人！

「Hey，man！」交警一派輕鬆地說，「開車不能用手機喔！」只見他勾選了電子器材上的一些選項後，很俐落地撕下一張罰單給我。

「七十五塊美金！」滿足我的自我傷感情緒的價格不斐啊！這該不會是連西雅圖都在催促我趕快離開吧？

我重新發動引擎，雙手扶上方向盤，戴上太陽眼鏡，再次確認 Google Maps 上的路線無誤。

目標，邁阿密。距離，五千五百公里。

出發！

國際之男碎碎念

如果貓界也有旅行里程數排名，我的貓應該可以名列前茅吧！

邁阿密募資
的挑戰

MIAMI

「我想要一瓶牛奶」，然後經理就出來了

原來美國，不是一個國家

　　西雅圖在美國的西北角，而邁阿密在美國的東南角，但我的行車路線，並不是直接穿過美國中心，由西雅圖直線前往邁阿密，而是先開三千公里左右到芝加哥後，再從芝加哥往南開約兩千五百公里到邁阿密。

　　之所以不是走在地圖上將西雅圖與邁阿密兩個城市連成直線的行車路徑，最主要還是地形阻隔。在這條路線上，有許多高原盤據的猶他州（Utah State）及科羅拉多州，無盡沙漠的新墨西哥州（New Mexico State）及德州（Texas State），最後要進入邁阿密所在的佛羅里達州（Florida State）之前，所經過的路易斯安那州（Louisan State）及阿拉巴馬州（Alabama State），許多城市治安並不是很好，對華人也相對較不友善。

　　氣候也是一個考量因素。我出發的時間是美國入秋的季

節，受太平洋暖流吹拂的西雅圖仍然舒適宜人，但內陸的高山許多地方卻已經颳起風暴冰雪，特別是若有走山路，甚至可能還需要下車替車胎安裝雪鏈。

相比之下，我選擇的路線雖然中間也會經過頗為荒蕪的愛達荷州（Idaho State）、懷俄明州（Wyoming State）及南達可達州（South Dakota State），但至少路線尚算是平坦，且走的是貫穿美國東西岸、可以從西雅圖一路開到波士頓（Boston）的 90 號高速公路，路況遠比走山路要安全得多。

此外，在 Google Maps 上使用導航，也會發現幾乎沒有直穿而過的建議路線。畢竟美國交通是以高速公路為主，若是中間有太多山路，即便行車距離可能較短，但行車時間及舒適度並不會比走高速公路要來得強。

就這樣，我們一人一車一貓，以及塞得滿滿的家當，開始了為期八天的「日出而開、日落而停」的旅程。

在歷經了上述那些州及見過與西雅圖截然不同的景色後，我產生了一個感觸：「如果用土地利用方式的面積來分類的話，那美國其實不折不扣是一個農業國家。」

也就是說，雖然多數台灣人對美國的印象，很可能是電影、金融或科技產業，但若以這個國家投入的土地面積來算，農業絕對才是占比最大的產業。在我開車經過的數千英里，沿途看過最多的景色，不是充滿科技感的大樓或銀行，

而是農田。

在我到美國之前，曾看過一篇報導：美國是全球最大的糧食生產國，有兩百萬個以上的農場；但在西雅圖生活的日子裡，「農場」只會出現在週末郊遊的景點中，「農業」更是距離我們生活圈比台灣更遙遠。

這樣的矛盾與衝突，也讓我開始反思：過去一年，我所認知到的「美國」，是真正的美國嗎？而在地理環境及產業差異如此巨大的前提下，我過去泛稱的「美國人」，是一個足夠精準的符號或代稱嗎？

舉例來說，在蘋果上班、年薪千萬新台幣、每天開著特斯拉通勤的矽谷工程師，與工作是牧牛、教育程度小學畢業、生活重心是 IPA 啤酒與美式足球的愛達荷州農夫，彼此的價值觀有可能有交集嗎？而統稱他們為「美國人」，但是否有可能他們之間全無任何共通性呢？如果這樣，「美國人」這個稱呼是否又過於空泛呢？

更別提除了聯邦層級的法律以外，美國的其他法律是各州獨立。以抽大麻為例，在華盛頓州可能是無罪的行為，但開個車進到懷俄明州，所持有的大麻葉就可能讓你鋃鐺入獄。

在 A 州被視為合法的事，在 B 州可能被視為犯罪，相異的法律使得不同州的民眾對世事的判斷更加分歧，統合「美國人」這一概念更加困難。在台灣我們所認為的「城鄉

差距」，在美國則更加擴大到讓人不覺得「這兩種人屬於同一個國家」的程度。

而不同州之間如此巨大的差異，我在抵達邁阿密的第一天就深刻體會到了。

在奧蘭多（Orlando）吃過午餐後，我加快車速直奔南方的邁阿密。眼看距離終點只剩下不到四十分鐘車程，我興奮地打給 Anne。

「妳在幹嘛？沒睡著吧？」

「當然沒有，在整理房間啊！你會不會累？」

「最累的時刻已經過去啦！你有沒有需要我去買什麼？」

「可以等你到了再買啊，我也想逛逛這邊的超市。」

於是，等我抵達後，我和 Anne 的第一個行程，既不是知名的邁阿密海灘巡禮，也不是去探尋具有古巴風情的街區，而是超市採買！

單以超市來說，邁阿密的超市品牌就與西雅圖完全不同。過去在西雅圖隨處可見的超市如 Wholefoods 或 Trader Joe's，在邁阿密都少得可憐；取而代之的是許多沒有看過的品牌，像是 Publix 或 Sedano 這類的，甚至有很多超市，裡面的商品標籤全是西班牙文。

為了避免「誤入歧途」，我和 Anne 決定選擇全美超過

兩千家的超市龍頭：Target 超市！

走進超市後，我和 Anne 各司其職：她負責採買生鮮食材，飲料、啤酒及零食則由我負責。

「欸你順便買一下牛奶！」Anne 這樣吩咐著。

結果我在冷飲區繞了三圈，啤酒都因此不小心多抓了兩手了，還沒找到牛奶。我逮住在冰櫃裝貨的一位阿北，向他詢問：「請問你知道牛奶在哪嗎？」

「什麼？」阿北一臉困惑，好像我在問他的不是牛奶，是量子力學。

「牛奶。我在找牛奶。」我稍稍提高音量。

「什麼什麼？」阿北不懂。

「牛～奶～，M—I—L—K，我在找牛奶～～～」我一個字母一個字母念，但阿北還是不懂我在說什麼。

「可能上了年紀，聽力有些困難吧……」我放棄，找了下一位看起來年紀稍輕的女士。

沒想到，同樣是「MILK」了三遍，對方仍然一臉疑惑，指手畫腳地說了一堆西班牙文，唯一的差別在於，她幫我叫了經理出來。

「您好，請問有什麼可以幫您的嗎？」經理說出了字正腔圓的美式英語。

「我在找牛奶。」

「喔，牛奶在那邊，第三個柱子後面的冰櫃裡。」

「非常感謝你！」

我怎麼也想不到，人在美國的我，竟然會為了買一瓶牛奶，一路問到經理都出來了，才有人聽得懂「牛奶」的英語怎麼說。

「這裡不是美國嗎？？」我很傻眼地向 Anne 抱怨。

「就說了美國很大咩！」Anne 一派輕鬆地說，看來她剛剛想買的商品中，應該沒有找不到以致需要問人的。

是啊，美國真的好大、好大。大到我深深感覺到，我從西雅圖「移民」來到了邁阿密國啊！

國際之男碎碎念

結果住了邁阿密一年多，我還是一句西班牙語也沒學會……

「喂？你好，可以來我家院子幫我抓鱷魚嗎？」

邁阿密的特有職業，捕鱷人

　　後來我才知道，邁阿密因為位處美國對應中南美洲的「入口」，因此有大量的中南美洲移民居住。而中南美洲除巴西說葡萄牙語外，其餘國家幾乎都以西班牙語做為主要語言，也使得邁阿密居民們會說西班牙語的人數比英語更多。

　　據一位從國中起就在邁阿密生活的台灣朋友說，整個邁阿密約有百分之七十的人能說西班牙語，而這其中大約又有四成是「只」會說西班牙語，使得整個邁阿密充滿濃濃的拉丁風情，不論走在哪，都可以聽到西班牙語的交談聲。

　　與西雅圖差異巨大的地方，除了語言，還有氣候。

　　西雅圖的緯度其實比中國的黑龍江更高，但受太平洋暖流影響，夏天是涼爽的攝氏二十五度左右氣溫，冬天即便降雪，大約也就在零度上下。與冬天酷寒的芝加哥，或沙漠乾

熱的德州相比，算是舒適很多。

但邁阿密的緯度跟台灣差不了太多，卻因為缺少季風型氣候，冬天多數時間也在二十度以上，也就是說，邁阿密的低溫幾乎等於西雅圖的高溫，這使得「怕熱不怕冷」的我難以適應。

夏天就更不用說，三十度以上高溫是家常便飯。用體感溫度來描述的話，邁阿密的天氣與位處熱帶的新加坡幾無區別。即便偶爾有午後雷陣雨，但下過雨後溫度立即升高，潮濕搭配著炎熱高溫，彷彿置身於蒸籠之中。

「我覺得我好像一顆蒸籠裡的饅頭喔！」某次下過雨後，我對 Anne 這樣抱怨。

「我也沒多好，辦公室的冷氣好像不用錢一樣。」對應天氣的炎熱，據說許多邁阿密的辦公大樓空調設定都相當「酷寒」。

也因為這樣炎熱潮濕的氣候，使得邁阿密的許多住宅區，對於室內冷氣有一定的要求。我與 Anne 找到出租公寓時，就看到租賃條款中，其中一條註明：「為避免室內發霉，空調必須二十四小時開啟。」

「呃，所以會有空調稽查員半夜來檢查我有沒有關冷氣嗎？」我偷偷問 Anne。

「是不至於吧……但你幹嘛這麼小聲？」

「因為房仲笑咪咪地坐在我對面啊！如果他會講中文怎

麼辦？」

「他連英文都不太會講，沒這麼厲害還會說中文吧！」Anne 對我大翻白眼。

唉，在外討生活就是這麼辛酸，買牛奶說英文沒人聽懂，要說別人壞話又怕別人精通中文。

實際入住後，我發現邁阿密的空調呈現一種非常神奇的狀態：只要溫度不要設定太低，二十四小時開著跟一整天開開關關，電費沒有差異太大。於是為了避免違反租約，我們後來也就過著整天吹冷氣的日子了。

但過於炎熱的氣候還是使人憂鬱。過去在西雅圖抱著一本書、隨處往草地一躺的輕鬆悠哉，在邁阿密都難以實現——除非你想被曬到中暑。

「路邊不要亂躺喔！熱就算了，可能會有很多爬蟲類經過！」國中就來邁阿密定居的 Chris 這樣警告。

「爬蟲類？像是什麼？蜥蜴嗎？」

「蜥蜴還算好的吧……」

我是不知道蜥蜴好在哪啦，但這段對話說完沒一個禮拜，我在邁阿密郊區開車的時候，就活生生看到一隻體型比我的貓還大的巨大蜥蜴，拖著長長的尾巴從路上一竄而過！

「欸！他的尾巴大概比我的車還長欸！」

「喔，這很多啊！」Chris 大概沒想到我這麼無聊，為

了一隻蜥蜴特地打給他。

「很～～～長欸！這麼長在路上到處跑，合理嗎？」

「蜥蜴真的算好的了啦，你至少不是住獨棟住家，不然有時候你家後院會出現鱷魚喔！」Chris 語氣平淡地說。

「鱷！魚！你說的鱷魚是那個鱷魚嗎？」

「廢話，不然是指很餓的魚嗎？」

「呃……那鱷魚待爽了之後，會自己走掉嗎？」我腦中浮現幫鱷魚「嗶」開車庫門送牠離開的想像畫面。

「可能會吧，但要等鱷魚自己走掉風險有點高吧，如果牠住下來怎麼辦？」

「那怎麼辦？總不可能派我去後院跟鱷魚決鬥吧！」我忽然覺得台灣男生好幸福，頂多被另一半派去打蟑螂，而不需要去鬥鱷魚。

「不會啦，有專門抓鱷魚的人，你一通電話過去，他們就會到府服務！」

「太扯了吧！貴嗎？」這竟然是我腦中浮現的第一個問題，看來海外漂流這麼多年，我的客家魂始終不滅。

「一百塊以內吧，跟換輪胎差不多囉！」

「……那抓到的鱷魚會被怎麼處理？吃掉？」我竟然還開始關心起鱷魚來了。

「好像不能吃掉耶，應該就是丟到湖或沼澤裡吧！」

「然後讓鱷魚繼續爬到其他民宅，捕鱷人就可以再賺一

單？」

「對啊，循環經濟的真諦！」Chris 哈哈大笑，好像很滿意我的結論。

殊不知，幾個月後，我跟鱷魚還真的有超近距離的接觸。

那天我跟 Anne 臨時起意要去泛舟，在租船的起點處，就有告示牌明確寫著「河裡可能有鱷魚，請避開！」的警語。

「欸好酷喔！有鱷魚欸！」我不知死活地跟 Anne 說。

結果船划出去沒幾分鐘，遠遠就看到河面上浮著一雙眼睛及一副長長的嘴巴，真的一隻鱷魚就「漂」在那！

「欸！還是我們去撞牠？」真是辛苦 Anne 了，我就是一個這麼白目的人。

「你不要鬧啦！小心划！」如果不是因為不想一個人划完全程，Anne 可能會乾脆直接一槳把我打暈。

結果不知道是一語成讖，還是我的划船技術真的太爛，我們的船最後失去控制，船尾竟然筆直朝鱷魚撞過去！我越是想遠離那條鱷魚，船的速度就越快直撲鱷魚的鼻孔！

最讓我驚恐的是，因為划船方向的關係，我是背對鱷魚的！使得我無法準確目測我的屁股與鱷魚的距離，只能看著 Anne 的表情，從驚恐到非常驚恐，再到嚇到鐵青的程度。

就在我覺得快要撞上的時候，我耳中清楚聽到鱷魚的鼻孔噴氣，發出很大的「嘶～」一聲，然後「咕嚕」一聲潛入水中。

就這樣，我們與鱷魚的「第一次親密接觸」在有驚無險中度過。

「你再玩嘛！」逃離「鱷口」之後，Anne 狠狠地調侃我一下，卻發現我還是臉色驚魂未定。

「好啦不用擔心了啦，以後不會找你來划船了！」

「我不是擔心以後……」

「那不然是怎樣？」

「我剛發現這條河不是環狀的……」我好像吞了糨糊一樣的發音困難，「意思是，等下要回去時，我們還要再經過那條鱷魚一次……」

國際之男碎碎念

結果回程的時候，我們還真的又再朝鱷魚撞了一次……
而鱷魚好像已經放棄了，看到我的船，就遠遠游開了。

從創投經理到卡車公司財務長
從求職過程淺談美國與台灣的新創環境

　　距離取得碩士學位的時間越來越近，我也逐漸感受到求職的壓力。與同學間的話題，也從「某某教授真的是很機邁捏！」變成了「某某公司面試的 HR 真的很親切耶！」這類求職相關的話題。

　　我試著送了履歷表給大概兩百間公司後，整理出以下的心得：

　　金融機構——基本上全滅。這大概也不難理解，如果一個柬埔寨人（Cambodian）意圖到台北的信義區找幾大台灣金控的工作，勢必會受到特別嚴格的檢視；那麼，一介台灣平民希望在紐約華爾街找到一份差事，不也會同樣面臨異常苛刻的審核？

　　【這邊對柬埔寨人並沒有特別的意見，只是想表達「台

灣人特別不熟悉的民族」的概念，要把柬埔寨人置換成波多黎各人（Puerto Rico）、吉爾吉斯人（Kyrgyz）或是巴布亞紐幾內亞（Papua New Guinea）公民，也都同樣成立。】

科技公司——高機率陣亡。僅有低於百分之十的科技公司會發回覆 email 與我確認一些細節，然後再杳無音訊幾週後，突然寄來告知你沒錄取的感謝信（Thank-you Letter）。

在決定來美國念書的當下，我最希望畢業後能取得的工作，就是科技業的職務。不僅僅是因為美國科技公司的品牌及薪資吸引人，也是因為我除了金融業以外，從沒接觸過其他工作內容。

「不覺得可以穿 T-Shirt 牛仔褲上班很酷嗎？」

「先找到願意面試你的公司吧！」Anne 狠狠吐槽。

投資機構——錄取率一半一半，但花樣百出，我想要的進不去、要我的我不敢接受。

我曾經與鹽湖城（Salt Lake City）某間主攻教育領域的創投基金合夥人面談投資經理的職位，出身知名投資銀行高盛（Goldman Sachs）的合夥人對於我的亞洲背景非常感興趣，但最終仍然緣慳。

倒是另外有個家庭辦公室[1]（Family Office）基金對我頗感興趣，但是辦公室的地理位置實在太特別——位於丹佛

的某個國家公園高山湖旁邊。

「……我可以問為什麼辦公室會位在湖旁邊嗎？」我小心翼翼地詢問。

「因為創辦人就住在湖畔啊！」真是直接的理由啊！

「那有需要出差嗎？」

「蠻常的喔！」

「那要怎麼去機場呢？」

「從這邊開車大概一個半小時就到啦！」

……還真方便喔！

「啊不過，冬天會有熊經過你家喔，你會介意熊嗎？」

我不介意熊，但我擔心熊萬一很介意我的話……

新創公司——幾乎都可以面試到最後一關，錄取率高達百分之六十。

不僅如此，各式各樣的產業及各式各樣的職位——只要屬於新創公司——我幾乎都「手到擒來」。像是旅遊 App 的專案經理啦、AI 軟體公司的業務總監（BD Director）啦，甚至線上博弈公司的 CEO，竟然我都能取得 Offer Letter。

---

1 多半指為高淨值家庭提供客製化理財諮詢的金融機構，但也有些超級富豪，會自己註冊並成立家族辦公室。在某些國家，家族辦公室的投資甚至享有免稅資格。

但最多的還是財務長（CFO），甚至有某個卡車集團的老闆，非常熱情邀請我去擔任他們的財務長，一個禮拜內連續打了十通電話，每次談話都超過二十分鐘還不肯掛電話。

「可是我真的對卡車很不熟欸！」我很感謝對方老闆的厚愛，但我自覺有必要說實話。

「沒關係，我熟啊！」

「⋯⋯那我去到底要做什麼呢？」

「幫我們公司募資啊！我們接下來要擴張，要增加兩百台卡車數量，然後這兩百台卡車，每年可以創造多少萬現金流，我們再用這個現金流⋯⋯」

好吧，聽起來是一個極具企圖心的老闆，但可惜碰到對卡車業完全陌生的我。

幾次下來後，我認真思索「為什麼新創公司總是願意錄取我」的原因後，赫然發現了一個共通性：「因為這些新創公司都有募資（fundraising）的計畫！」

所謂的「募資」，指的不是向銀行借錢，而是以出售公司的部分股權為標的，換取投資人的注資。

台灣也有新創公司募資，但我所接觸的台灣創業者，多數會懷抱著「先把本業顧好再來募資」的念頭；但對美國許多創業者而言，開公司的第一天起，就是為了募資。甚至我接觸過不只一位連續創業家，他們的創業模式都是把公司帶

到某個稍微穩定、但還沒快速擴張的階段後，就透過募資取得大量資本，甚至把自己持有的公司股份全部賣掉，然後再尋找下一個創業題目。

「這樣不是很不負責任嗎？」我問其中一位「慣犯」。他已經把三間自己創立的公司股權都轉賣他人了，手握數億美元的現金到邁阿密來遊山玩水，順便思考第四間公司要做些什麼。

「會嗎？為什麼不負責任？我就只喜歡『創』業啊！」看來不只是慣犯，而且還「全無悔意」呢！

「但你自己一手創立的公司，這樣交給別人，不會覺得很不捨嗎？」我想到當時決定退出自己公司時的掙扎。

「不會啊，我跟你說齁，美國最棒的一點就是，讓每個人做自己想做或擅長做的事就好！其他的事情，就交給其他想做或有興趣做的人！」

「我喜歡的事就是創業，而且就是從零做到一的那個階段，了不起再從一做到十，十再往下我就覺得很膩了。」

「那膩了怎麼辦？」我有點傻眼，現在是在討論創業還是小朋友吃巧克力蛋糕？

「那我就閃人啊，就把公司賣掉，讓那些很擅長從十再做到一百、兩百的人去經營我的公司；我那三間公司後來也都運作得很好啊！」

好吧，本案簽結，確認不起訴。

但他的話確實給了我不小的震撼。不論是作為一位創業者，或是一位私募基金投資人，甚至是一位外商銀行家，我都認為公司創辦人對公司的發展前景至關重要。

他的談話也帶出另一種商業運作的面貌——那也是美國資本主義運作的特點——就是所有的生意，都只是「生意」！

既然是生意，就沒有對錯，而只有供給跟需求；也沒有成敗，只有價格是否能被接受。如果買賣雙方你情我願，誰能夠指責任何一方的行動呢？

這看似無情的運作模式，卻為美國的新創環境持續維持活力。因為有頻繁的資本流動，以及相對完整的收購市場，使得新創公司得以透過各種方式成長茁壯。

我所仰慕的那些科技大公司，或是過去三十年間改變人類社會運作方式的那些新創獨角獸，幾乎沒有一間公司是不靠資本運作及股權交易而壯大自己的。

反觀台灣創業者那看似穩健的「先把事情做好」的思維，是不是反而拖慢了自己成長的腳步呢？又或是台灣因為不具備足夠成熟的資本市場及創投支持，使得創業者們與其花費心力募資，還不如「靠自己好自在」呢？

我沒有答案。但我倒是知道：我必須盡快找到理想的工作，不然我就要去卡車公司上班了。

這時一個總部位於芝加哥的諮詢顧問公司主動找上我。

「我看了你領英（LinkedIn）上的資料，我認為你很符合我們募資部門主管的職位。」

我與這位出身伊利諾州西北大學的白人老闆 Rayes 交談了大約半小時，一邊確認工作內容，一邊嘆服「這人的談吐根本就是顧問領域的川普（Donald Trump）超級直接的！」

這位西北大川普雖然與我在亞洲工作的每一位主管都差異巨大，但直來直往的個性，我認為不難相處。

更重要的是，諮詢顧問工作一直是我很感興趣的領域。雖然公司主要服務的是新創企業，但至少是個開始。

談話的尾聲，我按耐不住好奇心，主動詢問 Rayes：

「究竟為什麼，您會忽然在領英上搜尋到我呢？」

Rayes 哈哈大笑：「是我的客戶向我推薦你！」

Rayes 還補上一句，「本來是他非常想招聘你去他們公司擔任財務長的，但好像一直沒談成……」

「呃，難不成您的客戶是……」

「喔，他們是經營卡車的公司！」

國際之男碎碎念

台灣創業者想把事情做好的思維固然沒錯，但行銷與業務還是非常重要的，畢竟再好的產品或服務，也要有人買單才算數！

南美洲之行

從深邃峽谷中看見另一個自我

　　開始在諮詢顧問公司工作後，我主要負責協助新創募資，除了要協助新創完成募資相關的文件以外，還需要對應各式各樣的投資人。

　　過去不論在私募基金或外商銀行，我擔任的角色更像是買方，也就是負責評估是否會投資某個公司或專案，差別只在於是以股權或債權的方式投資。

　　但是當我轉換為協助募資的身分時，則變成更像是賣方的角色。畢竟會找上我們的新創公司，內部都已經決定好出售一定比例的股權，因此促成交易與否的關鍵，在於是否能找到願意出資的買方。

　　在這樣的前提下，相較於過往的評估案件本身的投資價值，募資顧問的身分更像是促成交易的中介者。用一般人較熟悉的職業舉例，我像是股權市場裡「房仲」的身分，差別在於房仲是協助買賣房屋，而我協助的標的則是公司股權。

募資顧問的工作相對自由。同樣以房仲為例，案件成交只有零與一百，因此老闆只問結果、不看過程。很快地，我在某個因緣際會下，接觸到一個大型案件。

那間公司的創辦人是台裔美國人，國中就隨同父母來到美國洛杉磯定居，自大學就開始他的創業之旅，可以說是一位連續創業家。在幾經失敗與摸索後，他逐漸掌握在美國的行銷竅門，並且在二〇一六年看中電競產業崛起的商機，快速將自己經營的電競桌機（Desktop）品牌擴展到數千萬美金營收。

但更讓我覺得值得玩味的是，這位創辦人也叫「Kevin」──跟最初想把公司開在 101 結果最後被我發現負債累累還試圖吸金的那位 Kevin 同名！

「你在外面有欠很多錢嗎？」經過歲月的歷練，我現在都直接單刀直入的問。

「沒有，但我爸媽曾經生意失敗欠很多錢，所以我後來從醫學院轉唸攝影系，大學四年都吃白麵條配醬油長大的」Kevin 一臉正經地回我，反而讓我不知道該安慰他還是同情他。

「沒事啦，在我第二次創業的時候，就已經賺到錢把欠款都還清了！」Kevin 雲淡風輕地說，但我卻從他眼中，看到一股特別的堅毅與自信。

這也使得我更加喜歡這位 Kevin，深入研究他的公司後，發現一個特殊的情況：做電競桌機自有品牌、精通行銷並且每年營收都以倍數成長的新創公司，卻遲遲找不到投資人。Kevin 略帶無奈地告訴我「已經啟動募資計畫兩年了，目前沒半個投資人願意投錢進來」。

　　「你們有找募資顧問嗎？」我好奇。

　　「有啊，還付了數百萬新台幣的前置費（Upfront Fee），但目前一毛錢也沒募到。」創辦人 Kevin 無奈地說。

　　我有點傻眼，但似乎也可以理解問題出在哪。

　　美國的創投，第一著眼於「改變遊戲規則者（Game Changer）」，第二更青睞軟體公司。前者若是投資成功，將可能獲得數百甚至千倍的投資回報；後者則因為軟體公司應用層面更廣，加上自 Google 到 Uber，近幾年創投圈的寵兒幾乎都是軟體公司。

　　但 Kevin 創立的公司，既不是 Game Changer、也不是做軟體，但又執著於尋找美國的創投基金，當然就相對困難。

　　「何不試著找看看台灣的上市櫃科技公司呢？」我建議，「台灣的廠商，最不擅長的就是做品牌，但你已經把品牌做起來了。」

　　「如果能找到任何一個台灣的科技公司，還抱有一絲的品牌夢，也許就有完成募資的可能！」我彷彿在黑暗中看到

一線光明。

「但我沒有認識的台灣公司……」Kevin 顯得很猶豫。

「現在你認識我了！我可以協助你！」

從洛杉磯飛回邁阿密後，我向 Rayes 報告這個案件，他也顯得非常興奮。畢竟 Kevin 的公司要募資的金額不低，若是能夠完成交易，將可為公司帶來一筆可觀的收入。

但相較於我們的躍躍欲試，Kevin 的態度則顯得頗為保留，正巧年底的感恩節及聖誕節假期即將來臨，電競桌機的銷售旺季使 Kevin 更加忙碌，幾次對我的訊息已讀不回。

「唉、我真的覺得找台灣的科技公司擔任投資人，是一條更有效的募資途徑啊……」某天下午，我看著與 Kevin 對話框中滿是我單方面的訊息，鬱卒地把下巴枕在貓咪肥厚的肚子上發牢騷。

「欸！聖誕節要不要去秘魯（Peru）玩？」Anne 在我背後興奮地說。

「呃，妳有沒有聽到我的苦惱啊……」

「有啊，你不是案子卡住了嗎？剛好去馬丘比丘（Machu Picchu）轉換一下心情吧！」

挖塞！還有這樣子凹旅遊的啊！

但轉念想想，都已經跑來邁阿密住了，比起從台灣飛中南美洲需要花上二十幾個小時轉機轉到頭暈，邁阿密直飛秘

魯首都利馬（Lima）只要四個小時左右，好像確實可以利用一下地利之便……

「好啊！去就去！反正 Kevin 也不理我……」這不叫豪氣，這叫自暴自棄！

要前往充滿神秘感的馬丘比丘，必須先從利馬飛往庫斯科（Cusco），再從庫斯科轉乘火車或其他交通工具前往馬丘比丘。

據說甚至有安排給旅客從庫斯科徒步前往馬丘比丘的路線，嚮導會帶領旅客沿著印加古道（Inca Trail）走上將近五十公里，總共大約需要四天左右的時間，重點是還限制每天步行的人數。

「這是限量的欸！」Anne 雙眼發光。

「欸不是！妳不要看到『限量』兩個字就興奮啊！」我頭好痛。

五分鐘後，Anne 跑來一臉哀怨地說：「已經額滿了啦……」欸不是，妳失望個屁啊！

「那我可以報名另一個兩天一夜峽谷之旅嗎？」

「喔，好啊！」峽谷聽起來滿愜意的啊，我腦海中浮現坐露營車到峽谷烤肉之類的營火晚會畫面。

我後續為了準備休長假，忙著處理工作上的事，就沒詢

問行程的細節。結果到了當地以後，才知道所謂的「峽谷之旅」，根本不是溫馨的營火晚會行程，而是要先從有「白城」之稱的阿雷基帕（Arequipa）坐兩小時小巴士，爬升到一個海拔四千多公尺的高山上，然後再往下步行。

「這個科卡峽谷（Colca Canyon），是世界第二深的峽谷喔！」Anne 語氣興奮地說，究竟女人為什麼可以對「限量」及「排名」這麼著迷啊！

「爬就爬吧！」我抱著既來之則安之的心態，準備開始人生的第一次「逆」爬山──先下山再上山。沒想到四個小時左右的向下山路，我在第一個小時就扭傷了右腳！

「你還可以嗎？」Anne 語帶擔心地問我。

「我能不行嗎？」重點是，同個登山團的人們都已經走超遠了，我甚至懷疑即便我兩腳健全，也不會是他們的對手。

「你確定這個是峽谷團？不是奧運登山團？」我會這麼問是因為，過去在西雅圖我和 Anne 與朋友一起登山的經驗不下十次，從來只有我們等人，鮮少有被人等的經驗。但這團的每個人都健步如飛，與我認知的「普通人登山能力」相去甚遠。其中過半的團員是來自歐洲，莫非歐洲人天生標配超強的登山能力？

就這樣以拖油瓶的姿態，勉強撐到吃午餐的時間，我和同團的登山友攀談後，發現他們雖然不是奧運選手，但個個

都是運動健將。有騎自行車環遊義大利的，也有幾天後計畫從祕魯步行到玻利維亞的，甚至有人完成過 Anne 原本想報名的印加古道徒步團。

「喔那個其實不會很累啦！」這位葡萄牙大叔邊嚼避免高山症的古柯葉（Coca）邊說。

「是吧！我就說吧！」Anne 語帶婉惜地拍我肩膀。

拖著一跛一跛的腳終於抵達谷底後，夜色很快來臨，大夥圍著長桌喝啤酒，吃馬鈴薯、紅蘿蔔及豬肉混煮成的菜餚。經過一天的長途跋涉，大夥已經培養出一種莫名的革命情感。更因為那晚正好是平安夜，於是有人提議分享各個國家都怎麼慶祝聖誕節，甚至最後還有人提議去草地上看星星。

我跟著人群走出吃晚餐的木屋，一抬頭，就可以見到滿天星斗。

「欸，我開始思考人生的意義是什麼……」我忽然有感而發。

「因為腳太痛了嗎？」Anne 這傢伙，不管人在地球的哪，都不曾停止對我的吐槽耶！

「不是啦，我忽然覺得，其實人生好像也可以很簡單。」看著 Anne 一臉又想說些什麼的樣子，我只好趕快繼續講下去，免得她又吐槽。

「就像爬山這件事，其實就只是走，一直持續地走，跟你的財富或你的身分地位都沒有關係。」

「但跟你的腳踝有關係……」你看吧！

「就也像看星星這件事，跟你的財富或身分地位也沒有關係，富商巨賈或布衣平民，看到的星河都一樣燦爛。」

「富商我聽得懂，但『鋸鼓』是什麼？」

我試圖忽略 Anne 的白目，「你看這些人，整路上的話題都是風景或運動，沒有人聊職涯、股票、退休金或工作成就……」

「所以你的意思是……？」

「我的意思是，本來決定來美國時，我一直想著要有一定的成績之後，才能回台灣，不管怎麼樣，至少不能比之前差。」

「但現在我覺得，其實世事好像沒有這麼絕對，我好像也沒有這麼熱中功名了。當初創業時的豪情壯志，想著要成為成功企業家或知名銀行家的目標，逐漸變得不是那麼重要了。」

「就好像這些人，平安夜放著火雞大餐不吃，跑來荒山僻壤裡啃馬鈴薯、看星星，就是因為他們不用在意別人的眼光，而知道什麼才是真正能讓自己發自內心快樂的！」

「我懂了！」在寂靜的山谷裡 Anne 忽然大叫，嚇了我一跳。

「你懂什麼？」

「我們跟到一群平安夜跑來爬山的瘋子登山團！難怪他們都可以走這麼快！」

國際之男碎碎念

結果後來回程的時候，導遊提供驢子載客的服務，我和 Anne 很沒骨氣的立刻就搭乘了！

我：「騎驢好輕鬆喔！那昨天幹嘛那麼累？」

Anne：「……你的羞恥心是不是跟你的腳踝一起扭了？」

疫情全面爆發，CEO跑去賣雪茄

面對生命不可承受之輕與重，是你，如何選擇？

從祕魯回到邁阿密後，不知道是馬丘比丘的聖蹟顯靈，還是被我兩個多月來鍥而不捨的追蹤感動（或不勝其擾？），Kevin 忽然同意將募資的任務委交給我。

「你應該沒有要事先收個幾百萬吧？」這是 Kevin 在簽約前唯一問的問題。

而就在 Kevin 正式簽下募資委任給我之後不到一個月，我迎來人生另一個更讓人興奮的消息：我要當爸爸了！

這讓我與 Anne 都開始思考人生的下一階段該怎麼進行，特別是在消費高昂的美國，生小孩會是一種怎麼樣的體驗？

「如果我沒抽到工作簽證怎麼辦？」Anne 開始擔心。

「所以妳現在起，要每天認真扶老太太過馬路啊！」我

真心的建議，換來 Anne 誠懇的兩組白眼。

　　很快的，我們迎來第一次在美國產檢的體驗。扣除在診間外的等待，實際坐在醫生對面交談的時間大概只有五分鐘，然後我們看到帳單後，同時倒抽了一口涼氣——美金一千七百多，折合新台幣大概五萬多塊！

　　「你們可以直接跟你們的保險公司請款，實際支付的大概是下面這個金額。」櫃台人員很冷靜地幫我們圈起來下面一個兩位數的金額。

　　「保險萬歲！」我走出醫院後低聲歡呼。

　　「我剛剛都要動胎氣了！」Anne 還在驚魂未定。

　　「我看只扶老奶奶過馬路可能不夠，你順便幫忙老爺爺捶肩膀好了！」我繼續真心建議。

　　扣除醫藥費的驚嚇，我們處在興奮又充滿期待的情緒當中。畢竟都是新手爸媽，從孩子的長相、性別到小名該取什麼，每一個雞毛蒜皮的小事，都足夠我們討論好久好久。

　　我們身處世界強權美國，彼此都有工作（雖然有簽證隱憂），小孩出生就是美國公民，未來的一切看起來都十分美好。

　　即便我在 FB 或 YouTube 偶爾會看到一些關於中國武漢不知名疫情的傳聞，也沒特別留意。我和 Anne 的全副心思，都關注在她腹中的小生命。

　　但很快地，劇情急轉直下。

最初是透過新聞的傳播，看到疫情從武漢逐漸擴展到全中國，各種關於疫情的描述繪聲繪影，網路上甚至流傳著行人忽然間倒斃在路邊的影片，一種無可名狀的末日感悄然而生。

漸漸地，台灣也傳出疫情訊息，甚至考慮封鎖邊境，台商陸配究竟能不能回台灣過年的爭論逐漸升溫。但即便如此，那看起來還只是太平洋另一端的新聞。

「我們是不是該去囤一些口罩啊？」我問 Anne。

「囤倒是不必，但應該可以買一些寄回去台灣吧！聽我媽說現在都買不到了！」

於是我每天早上送 Anne 出門後，就展開我的「CVS 巡禮」，車程十五分鐘以內的所有藥妝店都被我掃過一輪，一週後我寄出五百片口罩回台灣。

「你自己也多留一點啊！乾洗手或酒精也要買起來！」老媽在太平洋的另一頭苦口婆心。

「放心啦！這邊還很好買！」就在說完這句話後的兩週內，劇情急轉直下，邁阿密的口罩變得「一片難求」。

「我在網上看到，很多住在美國的中國人狂買口罩，然後用十倍的價格在淘寶上賣！」Anne 不愧是老北京，這個當口還知道要逛淘寶！

但不論是何種原因，口罩益發取得困難，間接證實了疫情在美國逐漸嚴峻。再過沒多久，超過八成的店家宣布暫停

營業，整個邁阿密進入封城（lock down）狀態。超市開始強制規定「進入必須戴口罩」，使得口罩不再只是防疫物資，更是維持三餐來源的生命線。

「你不要每次去超市都戴同一片啦！」Anne 語帶擔憂地提醒我。

「沒事啦！這邊太陽這麼大，曬一曬還可以用！」我指著鄰居家的陽台對她說，「妳看！不只是我，家家戶戶都在曬口罩！」

「我不只是擔心你，我更擔心你中標後傳染給我……」Anne 右手撫著小腹，我們彼此都知道她指的是什麼。

五分鐘一次的產檢也變得驚心動魄，畢竟在疫情延燒最慘烈的當下，走進醫院這件事本身就是種冒險。醫院也開始限制進出人員，從我可以與 Anne 一起進入診間聽醫生喇賽，變成醫院只允許 Anne 一個人進入診間、我必須在看診間外等待，到最後，我甚至連陪 Anne 一起走進醫院都不被允許，只能在醫院的停車場等著 Anne 看診出來。

「是女兒耶！」在孕期滿五個月後的產檢，Anne 一上車就向我宣布這則消息，我們互換了喜悅及期待的眼神，但我也同時聽出身為一位母親，Anne 欣喜的語氣背後，充斥的是對未來的不確定性。

於是，我們第一次，討論起回台灣的可能。

「還是妳現在去路邊踹過馬路的老太太好了？」我這樣慫恿 Anne。

「就順其自然吧……不過台灣有月子中心，好像很爽齁？」度過孕吐期後的 Anne 更加思鄉，每天看 YouTube 上的滷肉飯及鹽酥雞解饞。

但現實世界可不如台灣小吃那樣美好，美國全境每天以驚人的速度新增確診數，十萬、二十萬、五十萬、一百萬，然後是一千萬。到最後，確診變成只是數字。

最可怕的是：即便確診數快速增加，多數美國人仍然沒有防疫意識，能不戴口罩就不戴口罩，導致確診數持續飆高。單以我所在的佛羅里達州為例，全佛州約兩千一百萬人，與台灣的人口相當，但每天新增的確診病例卻高達兩萬人以上。

每每在社群媒體上看到台灣的朋友發了類似「今天又新增確診二十例，好可怕！」的消息時，我和 Anne 就只能搖頭苦笑。

在來美國生活前，就有朋友分享在美國的看診經驗，「生病是一回事，看病又是另一回事」，意思是美國高昂的醫藥費，導致沒有醫療保險的人，即便生病也不願意去看醫生。

疫情爆發後，上述情況變得更加嚴重。我不只一次在新聞上看到，確診康復出院的病患，在看到醫藥費帳單之後，直接選擇自殺的報導。疫情走到這個階段，已經變成一種社

會淘汰——汰除那些社會底層的人。

「都說台灣的健保好，原來是這種感覺！」Anne 幽幽地說。

是的，這也是美國最美好但也最殘酷的地方——完完全全的資本主義，即便人命也可以拿來定價。

中高收入的族群，在疫情期間可以在家上班，訂外送然後對著餐盒噴酒精，再用 Aesop 的天然洗手乳洗手，把染疫風險降到最低。

但中低收入族群——特別是從事服務業的——連三餐都無以為繼，更不用想要怎麼降低染疫風險。與之相對的是，許多收入中斷的人開始跑起外送，而因為外送工作必須廣泛的接觸不同商家及用戶，導致這些外送員更容易染疫，一旦不幸「中鏢」，最終的結局就是感染給全家人。

甚至很多原本經濟條件不錯的家庭，因為工作或生意型態非常依賴實體接觸，甚至是首當其衝的旅遊或運輸業，使得經濟狀況急遽惡化，而除了省吃儉用以外，他們也只能想盡辦法拓展一些額外收入。

我們在邁阿密的台灣人有個社群，透過這個社群認識的某個旅遊業大佬，是台裔移民的第三代，過去常邀約我們這些海外留學或工作的小朋友們去他家吃飯，又或是辦活動讓

生活偏貧苦的留學生們可以有些不一樣的體驗。

結果疫情爆發後，旅遊業全面停擺，偏偏美國又是超級照顧消費者權益的國家，因此客戶要求退費，旅遊大佬只能照單全收；但有些如遊艇或高端旅遊團的支出，遊艇公司或五星級渡假村卻不願意全額退款給這位大佬的旅遊公司。

某天，與大佬特別要好的其中一位邁阿密台灣人私下Line我，問說：「你有在抽雪茄嗎？」

「……這是近期除了口罩以外最新的物資話題嗎？」

「不是啦……你記得某某某嗎？就那位做旅遊業的大哥啊！」這位朋友趕緊解釋，「他的公司近期好像蠻困難的，他也就想說搞點小生意補貼一下，問看看有沒有人想買雪茄，他可以算大家便宜……」

邁阿密因為位處北美洲對應中南美洲的門戶位置，確實離古巴很近，也確實很多雪茄會從邁阿密進口。但也因為供應量大，許多雪茄品質良莠不齊，真正好的雪茄菸葉還是透過大廠牌如COHIBA等銷售到全世界，而小額進口的雪茄，市場接受度則相對受限。

「這等於是電子業老闆金融海嘯時期兼賣鹽酥雞的概念嗎？」回想那位大哥過去的意氣風發，以及對我們這些小輩的照顧，頓時感到不勝唏噓。

這讓我想到同樣處於創業狀態的Kevin——當然是指沒欠錢的那位。

「你有在抽雪茄嗎？」我致電給 Kevin。

「沒有，也不抽菸，也不抽大麻」Kevin 還是一臉正經。

無聊的開頭問候之後，我轉為嚴肅的告訴他：以現階段高度不確定的狀態，很難推動募資，我原本安排的回台灣出差見投資人的計畫也只能先取消。Kevin 表示理解。

「你們的工廠還好嗎？」Kevin 提過工廠勞工以墨西哥移工為主，感覺也是一個不戴口罩的族群。

「工廠沒事，但我公司的訂單爆掉了！大概成長了五倍！因為大家都窩在家打電動不出門！」Kevin 說最誇張的時候，美國連鎖電器門市 BestBuy 向他下單一千台電競主機，他只能出給對方兩百台。

「因為 Walmart 跟 Costco 也分別下單兩千台。」Kevin 無奈但又自豪地說。

掛上電話後，我開始思考這一切。

當初從北京來到美國後，好不容易終於熬到畢業，我和 Anne 也都有了穩定的工作。即便 Anne 的工作簽證申請可能無法被抽中，但她仍可以用依親簽證留下來；我的畢業後工作簽證可以連抽三年，若申請成功可以立刻申請綠卡。

理想中的美國夢已近在眼前，到底該再撐一下，還是趕快退回相對安全的台灣？

隔了幾天，我去接 Anne 下班。她上車後一臉陰晴不

定，隔了很久才開口問我：「你記得 Chris 嗎？」

「國中就來邁阿密定居那個嗎？」我想起他，我的鱷魚老師。

「對⋯⋯他確診過世了！」

那天晚餐，我們幾乎沒有太多交談，但心裡想的應該是同一件事。洗完碗後，我對挺著肚子躺在沙發上休息的 Anne 說：「讓上天決定吧！」

「我也是這麼想！」不用額外言語，我們大致就可以確認彼此的想法：「只要 Anne 沒有抽到工作簽證，我們就搬回台灣！」

兩週後，答案揭曉！

我跪坐在 Anne 筆電螢幕的另一頭，不停地原地彈跳，「怎麼樣怎麼樣？有抽中嗎有抽中嗎？」

Anne 沒回答我，只是低下頭，對著隆起的小腹輕聲說：「馬麻要帶妳回去吃麻油雞囉！」

國際之男碎碎念

千金萬金，比不上家人團聚；步步高升，沒好過牽妳的手海邊吹風。

決定回台灣
暫時終結的「國際之旅」

　　搬家，永遠都不是件容易的事。而我竟然在短短五年之內搬了四次家。

　　從台北，到北京；再從北京，到西雅圖；又從西雅圖，搬到邁阿密。現在則準備從邁阿密，搬回台灣。

　　也許是「熟能生巧」吧，我與 Anne 很有默契的分工：她把不要帶走的物品拍照放上二手網站，以三折的低價快速賣出；我則負責把要用海運寄回台灣的物品裝箱，最後再把要隨身帶的物品放進托運行李箱中。

　　「你怎麼行李裡一堆菸草屑啊！」Anne 大叫。

　　「啊！我買的雪茄被壓爛了啦！」我看著情義相挺的那兩根雪茄，已經變成皮卡丘尾巴的形狀。

　　工作方面，Anne 因為沒抽中工作籤，等於合法在美國工作的時間只到下個月底，甚至都不用提離職，公司 HR 就

立刻請她先簽好文件並安排好步驟。

離職的那天，公司同事送上大家一起集資買的媽媽背包，以及主管特別選購的小象浴巾，「希望未來，我們在台灣見！」每一個同事的擁抱，都是來自台灣人特有的溫暖祝福。

我的離職則相對「制式」得多，我告訴 Rayes：「因為疫情因素，我必須要回台灣了！」

「也許你回去之後，可以在亞洲持續幫我們的新創募資？」Rayes 這麼問。

「我只要離開美國超過一定時間後，工作簽證就自動失效啦！」我很簡短扼要地回答，但這倒是提醒了我：我最重要的募資工作還沒結束。

我聯繫了 Kevin，直接向他表明因為疫情的原因，我必須回台灣了。

「嘿、很抱歉，沒辦法幫你持續募資；不過既然我們要找的是台灣的企業，也許我可以問問看台灣的證券商？」我想既然我無法陪 Kevin「走到最後」，但至少要幫他託負給一個「可靠的對象」。Kevin 沒反對，畢竟在疫情的「加持」下，他的生意火熱翻天！

我聯繫了以前大學的學妹，現在在某大型金控的投資銀行部工作，「嘿～你們有興趣幫美國的新創公司募資嗎？」

沒想到在這通電話的十一個月後，Kevin 的公司順利被台灣的某大型科技公司，以五億新台幣的價格收購了百分之

三十五的股份，換算回來，等於 Kevin 的公司總值達到將近十五億台幣！

「Kevin！恭喜啊！」募資成功的當天，我在洛杉磯的晚餐時間打給 Kevin 道賀，猜想他可能正在跟家人吃大餐，因此開頭講得非常簡短。

結果 Kevin 的回答令我傻眼，「我正在核對訂單，啊我的泡麵好了，你等我一下……」

不論是那個獨自奮鬥的創業者，還是翻身成身價破億的科技新貴，Kevin 始終還是那個 Kevin。甚至後來，Kevin 獲得在二〇二二年台灣政府頒發的「十大傑出青年」後，心境都還是一樣的淡然。

「Kevin！恭喜啊！要不要來根雪茄慶祝一下？」我轉頭看，那年為了情義相挺買的兩根雪茄，還靜靜躺在書櫃裡。

「我最近在思考，AI 很可能是下一個十年的*趨勢*……」Kevin 一樣滿腦子只有工作。

離別的鐘彷彿壞掉般越走越快，很快就到了登機的那一天，我看著回台灣的單程機票，轉頭問 Anne 說：「要離開美國了，妳會覺得可惜嗎？」

「不會啊，我現在滿腦子都是藥燉排骨、大腸麵線跟小籠包……」

「西雅圖的鼎泰豐也有小籠包啊！」

「唉唷，那不一樣啦！」

是的，其實是不一樣的。

即便鼎泰豐的品管再精良，在台灣吃起來，感覺都還是不同。我們不用擔心服務態度的差異、不用困擾語言隔閡造成的溝通障礙，更重要的是，吃完之後，不用面對高昂的稅金及小費！

「那你呢？會覺得可惜嗎？」Anne 反問我。

可惜嗎？我也問我自己。

坦白說，我不知道。

美國確實讓我活得很自在。這裡的環境，相當尊重個體的獨立性，鮮少人覺得「你應該」、「你必須」，即便你與別人多麼不一樣，也不會有人指責你。

我也喜歡美國與自然共處的文化。在這邊的休閒娛樂，不是錢櫃或酒吧，而是滑雪或泛舟。這邊的人也不太聊「房價好高喔，到底什麼時候可以買房」之類的世代焦慮話題，更多的是「嘿你週末要不要來我家烤肉」的及時行樂。

但美國也有美國的「惡」。因為疫情導致收入中斷的人口增加，城市治安呈現等比級數的反向惡化；與之相對的軟體科技公司因為疫情股價飆漲，貧富差距擴大，更看見其中的人情冷暖。

但不論如何，我相信，這幾年海外的歷練，應該會成為

我生命中非常重要的養分。我受到文化衝擊，學習適應的同時，也試圖保有我自己原本的樣子。

我在北京說話絕不捲舌，碰到聽不懂的當地人我只願意放大音量再講一次；我在美國持續說著台灣腔的英文，早餐仍然熱愛燒餅油條勝過可頌吐司（雖然美國的油條一點也不酥脆）。

我不確定我後不後悔，但我肯定我會想念這一切。會想念北京大叔的樸質、西雅圖餐廳服務生的慵懶以及邁阿密超市人員的破英文。

我很慶幸我曾經歷過這些，讓我學會用更寬廣的視角去看待這世界的同與不同。許多過去我以為理所當然的事情，其實背後都有更深層的原因；而有更多看似無法理解的荒謬行為，其實也都有脈絡可循。

我的國際之旅，看似暫時告一段落，但未來的事，誰知道呢？也許這一切只是國際之男的「上半場」，下半場又還有怎樣精彩的劇情，等著我去體驗呢？

「嘿、傻笑什麼？」Anne在我眼前揮揮手，我笑而不語。

「走吧！登機囉！」Anne催促我拿起行李。

「不是登機……」我試圖糾正Anne。

「不登機你要游泳回去喔！」Anne還是一樣熱衷吐槽我，對於胎教毫不顧忌。

「不是登機，」我左手扛起兩大顆背包，右手牽起 Anne 的手。

　　「是，回家。」

國際之男碎碎念

繞行地球一圈，最後回到我最愛的台灣。也許這趟國際之旅還沒抵達終點，但先讓我好好嗑兩碗滷肉飯先！

後記

「今我來思，雨雪霏霏」——

謹以此書，獻給所有旅居海外的台灣人

二〇〇三年，我剛從大一新生蛻變為大二學長，年少輕狂地不在意剛被二一的慘烈成績，成天只想泡在圖書館裡翻商業領域雜誌，然後幻想自己未來成為白領菁英的風光。

二〇一三年，我剛退伍並結束自己成立的公司，求職碰壁惶惶不可終日，好不容易找到外商銀行的工作，即便只是約聘人員，我也暗自下定決心，要好好努力往上爬。

但不論是二〇〇三年的少不更事，或是二〇一三年的臥薪嘗膽，我都未曾想過，接下來的十年，會有超過兩千個日子在海外度過。更沒想過，會從亞洲橫跨太平洋到美國旅居，再從美國最西北的西雅圖，搬遷到最東南的邁阿密。

二〇二三年，回顧過去這一切，除了感謝一切際遇還算平安順利之外，更多的感觸，是海外生活的酸甜苦辣，點滴

在心頭。

其實「出國生活」與「創業」非常相似，都是脫離了原本的舒適圈，向一個完全未知的環境挑戰。在離開之前，我們對於所生活的體系難免有些抱怨；但真正出走之後，對於那個曾經屏障我們的巨大樹蔭，卻又充滿懷念。

旅居海外的台灣人，也許出走的原因各不相同，但思鄉的情愁可能並無二致。我們一邊徜徉海外生活的種種美好（高薪、獨立自主、乾爽氣候以及夏天不用總是追著蚊子拍手），卻又對台灣的各種特色念念不忘。

旅居海外的台灣人，有時互相協助攜手度過難關，有時卻也爾虞我詐彼此欺瞞。每當搬到一個新的地方時，台灣口音總是最讓我感到親切，但也最容易忽略的。我們一邊尋找可親近的台灣人，一邊下意識地帶有「你跟我也沒什麼不同」的輕視。假設同樣是陌生人，我們對海外台灣人的「敬意」，很可能還比不上操著英國腔的白種人。

旅居海外的台灣人，會因為冰川的壯麗而，會因為沙漠的渺無邊際而驚呼，會因為初雪的降臨而翩翩起舞。但真正在感到挫折或受病痛折磨時，心底最深處的思念，還是台灣。不只是因為健保看診便宜（雖然真的是好便宜啊！），還因為那個遠方的小島，畢竟是孕育我們的故鄉。

旅居海外的台灣人，不論異國的生活過得滋潤還是貧瘠，總有一個念頭會不時閃過心中：「我該不該回台灣？」

即便是再怎麼厭惡台灣環境的人，也無法將眼光從台灣移開。那些對台灣的反感，更多時候只是對於自身際遇挫折的反射。

但不論鍾愛或厭憎台灣，島國人民的命運，似乎就脫離不了向海外發展。從早期出海打拚的台商，到近年赴對岸工作的「北漂青年」，又或是一直存在的赴美、赴歐小留學生，橫跨不同世代及不同區域的旅外台灣人，其中的最大公約數應該都是「希望台灣變得更好」。

因為我們，不論身在何處，始終都心繫台灣。不論在海外漂泊多久，哪怕歸來時已非昔日少年，但在台灣生活的所有回憶與經歷，終究難以抹滅。

曾與一位在美經商有成的長輩，利用他返台的時間相約碰面。他帶我從民生社區走到緊貼基隆河畔的三民公園，指著其中一條小巷對我說：

「我小的時候，就是在這條只有五米寬的巷子裡長大的。」

「這跟您現在的居所，差很多吧？」我想起他在邁阿密那間占地六百坪的豪宅，單是後院的車道，怕都比這條巷子寬了。

「是啊」他微笑，「但是人哪，年紀大了，就會想起從前」、「不論我現在的環境多優渥，又或是去住了多奢華的飯店別墅，可我午夜夢迴最常想起的，還是這條黑黑髒髒的小

巷」他的眼睛瞇成一條線，繼續說：「因為這裡裝載了我最初、最純真、也最美好的一切回憶。」

創新觀點

不是你不可以：從燒臘到雪茄，國際之男的跨國工作日誌

2023年12月初版　　　　　　　　　　　　　定價：新臺幣360元
有著作權‧翻印必究
Printed in Taiwan.

著　　　者	國　際　之　男	
叢書編輯	連　玉　佳	
校　　對	胡　君　安	
內文排版	林　婕　瀅	
封面設計	盧卡斯工作室	

出　版　者	聯經出版事業股份有限公司	副總編輯	陳　逸　華
地　　　址	新北市汐止區大同路一段369號1樓	總編輯	涂　豐　恩
叢書編輯電話	(02)86925588轉5315	總經理	陳　芝　宇
台北聯經書房	台北市新生南路三段94號	社　長	羅　國　俊
電　　　話	(02)23620308	發行人	林　載　爵
郵政劃撥帳戶	第0100559-3號		
郵撥電話	(02)23620308		
印　刷　者	文聯彩色製版印刷有限公司		
總　經　銷	聯合發行股份有限公司		
發　行　所	新北市新店區寶橋路235巷6弄6號2樓		
電　　　話	(02)29178022		

行政院新聞局出版事業登記證局版臺業字第0130號

本書如有缺頁，破損，倒裝請寄回台北聯經書房更換。　ISBN 978-957-08-7192-0 (平裝)
聯經網址：www.linkingbooks.com.tw
電子信箱：linking@udngroup.com

國家圖書館出版品預行編目資料

不是你不可以：從燒臘到雪茄，國際之男的跨國工作日誌/
國際之男著 . 初版 . 新北市 . 聯經 . 2023 年 12 月 . 272 面 . 14.8×21 公分
（創新觀點）
ISBN　978-957-08-7192-0（平裝）

1.CST：成功法　2.CST：自我成長

783.3886　　　　　　　　　　　　　　　　　　112019325